NARCISSE
DANS L'ISLE
DE VÉNUS.

NARCISSE
DANS L'ISLE
DE VENUS
POEME
En quatre Chants.

A PARIS.
Chez Lejay Libraire
rue St. Jacques.

Ch. Eisen inv. — E. De Ghendt Sculp.

PRÉFACE
DES ÉDITEURS.

L'AUTEUR du Poëme de NARCISSE étoit occupé à faire imprimer cet Ouvrage, lorsqu'il a été attaqué de la maladie qui vient de nous l'enlever. Les personnes qui donnent cette édition à sa place, ont cru devoir au Public & à sa mémoire d'y ajouter une Pièce détachée qu'on a trouvée parmi ses papiers. Ces Essais d'un homme né pour l'immortalité, serviront en quelque sorte à consoler de sa perte, & seront plus que suffisants pour donner une idée de toute l'étendue de son génie.

Ceux qui ne connoîtront M. DE MALFILÂTRE que par ses Ouvrages, seront bien éloignés encore de sentir combien il étoit digne d'estime, & combien il est digne de regrets.

Il falloit le voir de près pour être à portée de le juger; peu de gens ont eu ce bonheur. Accablé toute sa vie d'infortunes, il aimoit à ensevelir dans la retraite ses peines & ses chagrins, & craignoit toujours qu'ils ne fussent importuns à ceux qui en auroient été les témoins. Les amis qu'il admettoit dans cette solitude ont seuls connu sa belle âme, supérieure à son génie, & ses qualités admirables qu'il est si rare de concilier avec les talents, & qui sont cependant si propres à les relever, & même à les perfectionner. Ses vertus qui auroient mérité le sort le plus heureux, ont été la source des malheurs qui ont rempli sa vie d'amertume: simple, généreux, aussi éloigné de soupçonner dans les autres un défaut de droiture & de probité, qu'incapable d'en manquer lui-même, il donnoit aveuglément sa confiance, se livroit à tous les conseils, rendoit des services à tous ceux à qui il pouvoit être de quelque utilité ; & ne consultant jamais le misérable état de sa fortune, il n'écoutoit que son cœur & sa bienfaisance naturelle. C'est ainsi qu'en se refusant tout à lui-même, & se tenant toujours au-dessous de la médiocrité, il a éprouvé les revers qu'entraînent ordinairement la prodigalité & la dissipation. Ceux même qui se trouvoient les plus autorisés à désapprouver sa conduite, ne pouvoient s'empêcher d'en respecter les motifs, & d'admirer en lui la vertu la plus pure & la plus malheureuse. Son caractère étoit comparable à celui de *la Fontaine* : aussi crédule, aussi naïf, aussi enfant que ce Grand Homme, il unissoit, comme lui, le génie à la simplicité ; & peut-être seroit-il parvenu à la même supériorité, si les circonstances lui avoient été aussi favorables. Et qu'on ne croye pas que l'amitié nous aveugle dans le témoignage que nous lui rendons. Il sera difficile de lire ses Ouvrages sans y reconnoître ſon âme : ils en portent l'empreinte ; & l'on ſçait que ſi le génie eſt parvenu quelfois à imiter les ſentimens & la vertu, jamais il n'a ſçu contrefaire la ſimplicité & le naturel dont le ſecret n'eſt que dans les cœurs ſimples & naïfs. D'ailleurs, Monſieur DE MALFILÂTRE n'a pas toujours été inconnu : pluſieurs hommes célèbres qui l'honoroient de leur eſtime, applaudiront certainement à la juſtice qu'on lui rend aujourd'hui.

Tel étoit l'homme aimable & infortuné dont le Public va recueillir l'unique héritage, & qui condamné toute ſa vie à l'obſcurité, ne devoit obtenir qu'après ſa mort la gloire qui lui étoit ſi juſtement dûe. On ne doute pas que ce Poëme ne ſoit reçu avec applaudiſſement : l'Ode qu'on y a jointe eſt déjà connue avantageuſement : on l'avoit inſérée dans l'ÉLITE DES POESIES FUGITIVES, & c'étoit certainement une des meilleures de ce Recueil.

Le Poëme de NARCISSE doit surtout avoir un grand succès : on y reconnoît par-tout un naturel charmant, une Poësie facile & harmonieuse, une touche forte & légere, un art infini de se plier à tous les tons, une liaison admirable & simple dans les récits ; enfin tout ce qui constitue un beau Poëme. Nous osons dire que le sien peut être proposé comme un modèle de goût, & qu'il est en ce genre peu d'Ouvrage dans notre Langue qu'on puisse lui comparer. Cependant il ne le regardoit que comme un Essai dont il faisoit même peu de cas ; mais dont le Public jugera différemment. Son intention étoit de travailler à un grand Poëme Épique : il en avoit déjà choisi le sujet, & esquissé le plan. Quel dommage qu'il ne l'ait point exécuté ! Ses amis qui ne lui en ont entendu parler que légerement, ne sont pas en état d'en rendre compte : ils sçavent seulement que c'est

LA DÉCOUVERTE DU NOUVEAU MONDE, qu'il ſe propoſoit de célébrer.

M. DE MALFILÂTRE avoit auſſi l'ambition de courir la carrière du Théâtre ; quelques Morceaux excellents répandus dans une Tragédie qui ne porte point ſon nom, ſont une preuve des ſuccès qu'il pouvoit s'y promettre. Ses talents prodigieux & rares n'étoient pas ſeulement un don de la Nature : il les devoit en partie à la lecture des Anciens, dont il ſe nourriſſoit tous les jours ; & ſur-tout à celle de *Virgile*, dont il avoit fait une étude particuliere. Il avoit même traduit en Vers les endroits les plus intéreſſants de ce Poëte : on ne craint pas d'avancer qu'il eſt dans cette Traduction ſouvent égal à l'Original ; il étoit peut-être le ſeul homme en état de nous rendre *Virgile* avec toutes ſes beautés ; nous ſouhaitons ardemment que les Gens de Lettres qui ont entre les mains les différents Morceaux de sa Traduction, mettent bien-tôt le Public dans le cas de justifier notre jugement. *

M. DE MALFILÂTRE étoit né à Caën d'une famille honnête en 1733. Il avoit fait avec distinction ses études en cette Ville chez les RR. PP. Jésuites, & montré pendant sa jeunesse le germe des talents qu'il a développés dans un âge plus avancé, & qu'il auroit portés au plus haut degré de perfection, s'il eut vécu plus long-tems & plus heureux. Il est mort à Paris le 6 Mars 1767. après avoir souffert avec courage les douleurs les plus longues & les opérations les plus cruelles. Les sentimens de religion qu'il avoit toujours montrés pendant le cours de sa vie, se sont réveillés avec plus de force dans ses derniers moments. Prêt à lui faire le sacrifice de sa vie, il auroit encore desiré lui

* *Nota.* Le Sieur Lacombe, Libraire, qui les a entre les mains, se propose de les donner dans quelque tems au Public.

faire celui de ses Ouvrages : il avoit même exigé de ses amis de ne pas les laisser paroître après lui ; mais nous ne nous croyons pas obligés à remplir un engagement qu'une conscience trop délicate lui avoit fait contracter. Le Poëme de NARCISSE, qui seul pourroit être accusé de renfermer quelques libertés, nous a paru plûtôt une leçon de bonnes mœurs qu'un ouvrage repréhensible. La volupté y est toujours représentée pure & innocente ; & qu'y a-t-il de plus propre à corriger du vice que la peinture de l'Amour vertueux ?

MULTIS ILLE BONIS FLEBILIS OCCIDIT,
NULLI FLEBILIOR QUAM MIHI.

NARCISSE
OU L'ISLE
DE VÉNUS.

G. de S.t Aubin Inv. *Massard Sculp. 1765.*

NARCISSE OU L'ISLE DE VÉNUS.

CHANT PREMIER.

POURQUOI faut-il qu'au lieu de ces délices
Qu'on nous promet dans l'empire amoureux,
Nous y trouvions, près des Ris & des Jeux,
Les faux ſoupçons, ſuivis des injuſtices,
La jalouſie & ſes tourmens honteux,
Les vains ſermens, le dégoût, les caprices,
Et que l'Amour ſoit un Dieu dangereux ?

Que dis-je ? Hélas ! C'eſt le meilleur des Dieux,
Il nous aimoit, & par ſes ſoins propices

Il ne vouloit que prévenir nos vœux.
N'en doutez point, le bonheur ſuit ſes feux.
Le ſiécle d'or coula ſous ſes auſpices,
Le ſiécle d'or ne vit que des heureux ;
Après ce temps, fait pour nos bons Ayeux,
Bien-tôt l'Amour, exilé par nos vices,
Les yeux en pleurs, s'envola dans les Cieux.

Mais prêt à fuir au ſéjour du Tonnerre,
Dans ſes adieux il a maudit la Terre :
Il a, chez nous, laiſſé pour ſucceſſeurs,
L'Ambition qui cherche les honneurs,
Fait les Epoux, les unit ſans tendreſſe,
Et l'intérêt qui trafique des cœurs,
Et la débauche * hideuſe en ſon ivreſſe,
Monſtre imprudent qui foule aux pieds les mœurs.

Et l'on ſe plaint, en ſuivant de tels guides,
Que les plaiſirs s'échappent de nos mains !
Vous n'aimez point, trop aveugles humains :

* *Voyez la derniere note de cet Ouvrage.*

Le ſentiment fait les plaiſirs ſolides.
Vous n'aimez point : vos conducteurs perfides,
Du vrai bonheur ignorent les chemins.
Pleurez , ingrats , gémiſſez dans vos chaînes ;
Mais à l'amour n'imputez point vos peines.
Depuis qu'aux Cieux l'Amour eſt retenu ,
De ſon beau nom vous abuſez encore ;
Et parmi vous , le Maître que j'adore ,
Eſt blaſphêmé ſans vous être connu.
On voit à peine , en ce ſéjour funeſte ,
Quelques Amans bleſſés d'un trait doré ,
Dont les cœurs purs ſçavent , du feu ſacré ,
Entretenir la ſemence céleſte.

Cypris, un jour, l'indulgente Cypris*
Voulant enfin nous ramener ſon fils ,
Lui prépara , chez un Peuple fidelle ,
Un nouveau Temple , unique en l'Univers ,
Inacceſſible aux regards des pervers.

---

* *Surnom de* Vénus.

Le Dieu des eaux, prié par l'Immortelle,
De ſon Trident, frappa le fond des Mers,
Et, ſous ſes mains, vit une Iſle nouvelle
Naître, à l'inſtant, au ſein des flots amers.

Vénus, dit-on, par ſon pouvoir ſuprême,
Dans ce déſert tranſporta mille eſſains
D'adoleſcens qu'elle avoit elle-même,
Dès le berceau, nourris pour ſes deſſeins.
Garçons y mit, qui ſortent de l'enfance,
Leſtes, brillans, enjoués, faits au tour,
Et dans un âge, où croiſſant chaque jour,
En force, en grace, ils donnent l'eſpérance
D'être bien-tôt les Prêtres de l'Amour.
Filles y mit, dont le Printems commence,
Fraîches beautés, à l'air piquant & doux,
Au minois fin, à l'œil plein d'innocence,
Déja portant d'inévitables coups;
Dont le port noble, élégant, plein d'aiſance,
La taille libre, & les jeunes tréſors
S'arrondiſſans, ſaillans ſur un beau corps,

Du temps d'aimer annoncent la naissance ;
Dont le cœur vif, encor dans l'ignorance,
Novice encor, mais fait pour le desir,
Va, tendre Amour, ému par ta présence,
S'ouvrir bien-tôt à l'instinct du plaisir,
Comme la rose au souffle du zéphir.

A son Autel, cette heureuse jeunesse
Va, tous les jours, adorer la Déesse,
Et tous les jours la Déesse, pour eux,
Quitte le Ciel, & vient dans ces beaux lieux:
Lieux enchantés ! Que ne puis-je moi-même
Y vivre en paix auprès de ce que j'aime !

Là, les Étés n'embrasent point les airs,
On n'y craint point la rigueur des Hivers:
Mais on y voit, assise sur un Trône,
FLORE & CÉRÈS, à côté de POMONE.
Par leurs bienfaits, d'elle-même, en tout tems,
L'Isle féconde, à la fois, se couronne
D'épics dorés, des fruits mûrs de l'Automne,
Et de l'émail dont brille le Printems.

Dons précieux que la Terre fait naître
Pour enrichir ses jeunes habitans,
Vous suffisez pour les rendre contens!
Ils sont heureux: pourroient-ils ne pas l'être?
A leurs besoins ils bornent leurs desirs,
Mais sans chercher, au gré des vains caprices,
A se créer mille besoins factices:
Des vrais besoins naissent les vrais plaisirs.

Occupé seul du soin de leur bel âge,
Tu les conduis, ô vénérable Sage,
De qui le nom, fameux dans l'Univers,
Fera bien-tôt l'ornement de ces Vers;
Tirésias, aveugle octogénaire,
Toi, seul vieillard qu'on admit dans ces lieux,
De toute l'Isle & l'Oracle & le Pere;
Toi, dont l'esprit peut sonder le mystère
De l'avenir, caché souvent aux Dieux;
Homme divin! c'est toi qui les éclaires,
Qui les instruis dans les Arts nécessaires,
Ou qui plutôt, suivant de près leurs pas,

Vois, d'elle-même, agir leur induſtrie,
Sans le preſſer, cultives leur génie,
Soutiens ſa marche, & ne la forces pas.

Tu ſçais encore, aidé par l'harmonie,
Polir l'eſprit, & ſans autres leçons,
Former le cœur de tes chers Nouriſſons.
Autour de toi, dans la verte prairie,
Vient ſe ranger leur troupe réunie,
Lorſque tu joins la douceur de tes chants
Aux airs du Luth, aux ſons de la Guitare,
Lorſque tu peints, dans tes accords touchans,
Soit un lointain, où l'œil charmé s'égare
Sur le mêlange agréable & bizarre
Des Monts, des Rocs ſuſpendus & penchans;
Soit les couleurs dont le matin ſe pare;
Ce qu'ont enfin d'attrayant ou de rare
Les bois, les eaux, les vergers & les champs.
Mais ſi ta voix, plus brillante & plus forte,
Chante URANIE * & les Déſerts ſemés

---

* *Muſe qui préſide à l'Aſtronomie.*

D'étoiles d'or & d'aſtres enflammés ;
Si, toute entiere à l'ardeur qui l'emporte,
Plus haut encor, par de-là tous les cieux,
D'un vol hardi ta Muſe ſe tranſporte,
Pour contempler la majeſté des Dieux ;
Alors, au bruit de tes accens rapides,
On quitte tout ; de tout autre plaiſir,
Pour t'écouter on perd le ſouvenir ;
Et le pêcheur ſur ſes rives humides,
Et le chaſſeur, au fond de ſes forêts,
Prêts de ſurprendre, ou les poiſſons avides
Ou les chevreuils & les biches timides,
Frappés d'abord, enchantés & diſtraits,
Laiſſent tomber le filet ou les traits :
Chacun accourt, chacun ſent que ſon âme
Perce avec toi les Palais éternels,
Et va ſe perdre au ſein des Immortels :
Leur cœur ému, pour la vertu s'enflâme
Et s'affermit dans l'amour du devoir,
Tant l'harmonie a ſur nous de pouvoir !

Tu vois ainſi, pures & fortunées,
D'un cours égal s'écouler leurs journées ;

Et chaque ſoir, quand l'Aſtre de VÉNUS
Fait luire au ciel ſa paiſible lumiere,
Ils vont chercher une ombre hoſpitaliere
Sous les ormeaux, ſous les palmiers touffus,
Où repoſer dans des grottes tranquilles,
Sur le duvet de la mouſſe & des fleurs,
Lits ſans apprêts, véritables aſyles
Du doux ſommeil & des ſonges flatteurs.

O Peuple enfant! ô fils de la Nature,
Simples comme elle, unis par ſes liens,
Pour qui ſon ſein, comme une ſource pure,
Toujours ouvert, s'épanche ſans meſure,
Jouiſſez tous, ſans diviſer ſes biens.
O mes Héros, cœurs faits pour la droiture,
Faits pour l'Amour, la Sageſſe & la Paix,
O vous, de qui n'approcherent jamais
L'opinion, l'erreur, ni l'impoſture,
Ni le deſir de l'or ou des grandeurs,
Auteurs premiers du crime & des malheurs,
Conſervez bien le ſort que vous aſſure
Votre innocence, & plaiſe aux Dieux qu'il dure!

Il eût duré ſans un vice, un fléau
Dont les progrès devinrent plus funeſtes
Que ne le ſont tous les fléaux céleſtes,
Sans l'AMOUR-PROPRE enfin, monſtre nouveau,
Né dans cette Iſle, & né pour ſa ruine,
Qui, de l'Amour & rival & bourreau,
Au fond des cœurs le cherche & l'aſſaſſine.
A vous tracer ſa fatale origine,
Faut-il, hélas! employer mon pinceau?

C'eſt par vous ſeul, infortuné NARCISSE,*
Que cette Terre, inacceſſible au vice,
Connut enfin le mal contagieux
Qui fit par-tout des ravages horribles;
Et corrompit, dans ces âmes ſenſibles,
De leurs vertus les germes precieux.
Vous, dont VÉNUS enrichit la jeuneſſe
De tous les dons qui captivent les cœurs,
Vous, le plus beau de ceux que ſa tendreſſe

---

* *Beau jeune homme. Il étoit fils de la Nymphe* LIRIOPE, *& du* CÉPHISE, *Fleuve de la Grèce.*

Avoit choisis pour ses adorateurs,
Amant d'ECHO, si long-tems chéri d'elle,
Quel Dieu vous fit oublier cette belle,
Pour n'aimer plus que vos traits enchanteurs?
Ce fut JUNON. La Déesse cruelle
Vous envoya cette fureur nouvelle,
Qui, pour vous-même, alluma votre amour.
Par vous JUNON transmit, en un seul jour,
A vos amis votre aveugle délire,
Et de VÉNUS anéantit l'Empire,
En desséchant, dans tous ses Citoyens,
Le sentiment qui formoit leurs liens.

Mais de nos yeux éloignons-les encore
Ces maux affreux par ma Muse annoncés:
Arrêtons-nous, pour voir au moins éclore
Ces jours si beaux, & si-tôt éclipsés.

VÉNUS voulut, avant l'âge où l'on aime,
Voir ses Sujets, voir ces couples charmans,
Couples futurs, déja s'unir d'eux-mêmes
Par le rapport des goûts, des sentimens.

Elle voulut que ces enfans aimables,
Pour rendre un jour leurs chaînes plus durables,
Fussent amis, avant que d'être Amans :
Qu'en attendant les amoureuses flammes,
D'avance, un sexe à l'autre fût lié ;
Qu'enfin l'amour, prêt d'entrer dans leurs âmes,
En arrivant, y trouvât l'amitié.
Car l'amitié, la confiance intime,
Nourrit l'amour, le soutient, le ranime,
Et rend ses feux plus touchans de moitié.
De leur concours, de leur souffle unanime
Naît ce plaisir pur, délicat, sublime,
Plaisir cherché par mes vœux superflus,
Plaisir mocqué des mortels corrompus.
Mais quoi ? l'Amour n'est point connu du crime,
Puisque l'Amour sans l'amitié n'est plus,
Que l'amitié se fonde sur l'estime,
Et que l'estime est fille des Vertus.

Or des Vertus la Nature est la mere :
Consultez-vous, & soyez mes témoins,
O mes lecteurs ! ou consultez du moins
Ces cœurs bien faits, où la Vertu sincere

Ne fut jamais une plante étrangere,
Et, pour fleurir, ne demande aucuns soins.
Aussi le Dieu qu'à Paphos on révere,
Choisit leur Isle, en fit son sanctuaire :
Ce Dieu charmant, de la terre exilé,
Par la vertu chez eux fut rappellé.
Il attendit, pour s'y rendre auprès d'elle,
L'âge marqué, le vrai tems des amours,
Qu'il faut attendre, & qu'on prévient toujours.
Cet âge arrive, & la race mortelle
Revoit enfin le Pere des beaux jours,
Après l'horreur d'une absence cruelle.
Il vient, il rit, il fait dans tous les cœurs
De son flambeau jaillir une étincelle :
Et tous les cœurs, d'une flamme nouvelle,
En même-tems, éprouvent les ardeurs.

Tout change alors, alors tous les yeux s'ouvrent.
Non sans rougeur, les deux sexes découvrent

Paphos, *Ville de l'Isle de Chypre.* VÉNUS *y étoit adorée comme dans tout le reste de l'Isle.*

Que l'amitié, qui les unit long-tems,
S'eſt transformée en d'autres ſentimens.
Auprés d'ECHO, l'heureux fils du CÉPHISE *
Sent des deſirs qu'il n'avoit pas connus.
La belle ECHO, d'elle-même ſurpriſe,
Sent, près de lui, tous les feux de VÉNUS.
Le ſoir approche, & chaque Amant s'apprête
A demander, par ſes brûlans ſoupirs,
Le doux tribut que lui doit ſa conquête:
Mais pour NARCISSE il n'eſt point de plaiſirs.
Avec douleur, TIRÉSIAS lui-même,
Qu'ont trop inſtruit des Oracles ſecrets,
En l'éloignant des yeux de ce qu'il aime,
N'a conſulté que leurs vrais intérêts.

Mais le jour fuit: ſous le toît ſolitaire
De cent berceaux, ſous le ſimple lambris
Des myrthes verds & des roziers fleuris,
Entrelaſſés par la main du myſtere,

---

* *Voyez la note de la page 12.*

L'Amour

L'Amour conduit les enfans de CYPRIS.
Dans ce bercail, le Pasteur de CYTHERE
Veut rassembler ses troupeaux favoris ;
En les comptant, son cœur se désespere :
Il lui manquoit ses deux Agneaux chéris.
Du reste, au moins, le bonheur le console,
Il s'en occupe, il est par-tout, il vole
Sur eux, près d'eux, parle aux vents, aux ruisseaux ;
Il adoucit le murmure des eaux,
Il tient captifs les fils légers d'EOLE, *
Hors le ZÉPHIRE, habitant des roseaux ;
Il règne en Dieu sur les airs qu'il épure,
Des prés, des bois ranime la verdure ;
Des Astres même, en silence roulans,
Il rend plus vifs les feux étincellans.
Amans heureux ! dans la Nature entiere,
Tout vous invite aux tendres voluptés :

* EOLE, *Dieu des Vents.*

Les yeux ſur vous, la Nocturne Courriere *
D'un pas plus lent marche dans ſa carriere,
Et pénétrant de ſes traits argentés
La profondeur des boſquets enchantés,
N'y répand trop, ni trop peu de lumiere.
Ce foible jour, le frais délicieux,
Le doux parfum, le calme des bocages,
Les ſons plaintifs, les chants mélodieux
Du roſſignol, caché ſous les feuillages,
Tout, juſqu'à l'air qu'on reſpire en ces lieux,
Jette dans l'âme un trouble plein de charmes,
Tout attendrit, tout flatte; & de ſes yeux,
Avec plaiſir, on ſent couler des larmes.

O belle nuit! nuit préférable au jour!
Premiere nuit à l'Amour conſacrée!
En ſa faveur, prolonge ta durée,
Et du Soleil retarde le retour.

---

* *On entend par-là* DIANE; *c'eſt la même que la Lune.*

Et toi, VÉNUS, qui préſides, ſans ceſſe,
A tous les pas de tes chaſtes enfans,
Qui les unis, ſans témoins, ſans promeſſe,
(Précautions dont ces heureux amans
N'ont pas beſoin pour demeurer conſtans)
Tendre VÉNUS, lorſque, ſous tes auſpices,
De tes plaiſirs ils cueillent les prémices,
Deſcends, allume, & rallume leurs feux,
Et dans leurs ſens, inviſible auprès d'eux,
Verſe les flots de tes pures délices.

Applaudis-toi, grande Divinité,
Applaudis-toi; contemple ton ouvrage:
D'un œil ſerein vois la félicité
De tant de cœurs qui te rendent hommage:
Vois cette ſcène, & ces groupes épars.
Quel lieu jamais offrit à tes regards
De ton pouvoir un plus beau témoignage,
Et du bonheur une plus vive image?
Où cependant, où ne portes-tu pas
Et le bonheur & l'innocente joie?

En quelque endroit que ſe tournent tes pas,
Sur tous les fronts la gaîté ſe déploye,
La paix te ſuit : les flots ſéditieux,
Quand tu parois, retombent & s'appaiſent,
L'AQUILON fuit, les Tonnerres ſe taiſent,
Et le Soleil revient, plus radieux,
Dorer l'azur dont ſe peignent les Cieux.
A ton aſpect, la Nature eſt émue.
En rugiſſant, le lion te ſalue,
L'ours, en grondant, t'exprime ſes plaiſirs,
L'oiſeau léger te chante dans la nue,
Et l'homme enfin, par la voix des ſoupirs,
Te rend honneur & t'offre ſes deſirs.
Rien ne t'échappe, & l'abîme des ondes
S'embrâſe auſſi de tes flammes fécondes,
Et ſous tes traits, ſous tes brûlans éclairs,
Pleins d'allégreſſe, en leurs grottes profondes,
Tu vois bondir tous les monſtres des Mers.
C'eſt toi par qui ſont les Etres divers,
C'eſt toi, VÉNUS, qui rajeunis les Mondes,
Et dont le ſouffle anime l'Univers.

L'OLYMPE même éprouve ta puiſſance,
Et JUPITER... Mais, que dis-je ? & pourquoi
Parlé-je ici de ton empire immenſe ?
Mon zèle ardent m'emportoit malgré moi :
Foible mortel, je me tais devant toi.
Pour te louer, la meilleure éloquence
Eſt de ſentir, de te ſuivre en ſilence,
Et de céder doucement à ta loi.
Deux jeunes cœurs, par un tendre délire,
T'honorent plus que les ſons de ma lyre ;
Je la ſuſpends moi-même à ton autel,
Et me dévoue à ton culte immortel.

Tranſporte-moi parmi tes Inſulaires :
Égare-moi dans les réduits ſecrets
De leurs vallons, de leurs ſombres forêts.
Je les verrai, ces rives étrangeres,
J'irai trouver ces peuples fortunés,
Ces amans vrais, ces maitreſſes ſinceres :
J'irai chez vous, paiſibles ſolitaires,

Jouir des biens qui vous ſont deſtinés ;
A votre ſuite, ô Nymphes bocageres,
J'irai fouler les naiſſantes fougeres,
Et, les cheveux de roſes couronnés,
M'aſſocier à vos danſes légeres.

G. de S.t Aubin Inv. Massard Sc. 1765.

CHANT SECOND.

De ce bonheur, qui sembloit fait pour tous,
Le beau Narcisse, Echo sa belle Amante,
Sont privés seuls par un pouvoir jaloux.
Aimable enfant, & vous, Nymphe charmante,
Qu'aviez-vous fait ? & quel crime sur vous
Avoit du Ciel attiré le courroux ?

Narcisse, Echo, par un avis céleste,
Sont menacés du sort le plus funeste
Le même jour, oui, le jour fortuné,
Qu'à leurs plaisirs ils auront destiné ;
Tirésias, que le Destin éclaire,
De ce Destin organe involontaire,
A ces Amans, prêts de combler leurs vœux,
Avoit prédit cet avenir affreux.

Mais il craignoit le penchant invincible
Que l'un pour l'autre, ils éprouvoient tous deux.
La soif du cœur, l'instinct impérieux

Pouvoit braver cet Oracle terrible.
Pour les Amans il n'eſt rien d'impoſſible,
Et les périls ne ſont rien à leurs yeux.
Les vrais Amans laiſſent tonner les Dieux :
De nos deſirs l'attrait irréſiſtible
Parle plus haut que l'Enfer & les Cieux.
Il voulut donc, ſur un prétexte heureux,
Oter lui-même à ce couple ſenſible
L'occaſion qu'il redoutoit pour eux,
L'occaſion d'un moment dangereux.
Tromper l'Amour eſt choſe peu facile :
TIRÉSIAS, en reſſources fertile,
Sçut, nuit & jour, enchaîner près de lui
Son jeune éleve, à ſes ordres docile.
» Mon fils, dit-il, ſi je fus votre appui
» Dans l'âge tendre, où l'homme, ſans autrui,
» A ſe conduire eſt encore inhabile,
» A votre tour, conduiſez aujourd'hui,
» Et ſoutenez ma vieilleſſe débile.
» Venez, mon fils, votre préſence utile
» Des jours trop longs m'abregera l'ennui.

» Nous marcherons attachés l'un à l'autre
» Par les deux bouts de ce ruban léger,
» Qui règlera ma route ſur la vôtre,
» Et, loin de moi, bannira le danger.
» Approchez-vous. « Le crédule NARCISSE
Vient s'enchaîner, ſans prévoir l'artifice.
De ce moment, il précède, il conduit
Le vieux Devin, qui chemine avec peine,
Qui, dans le jour ne trouvant que la nuit,
Pour s'étayer dans ſa marche incertaine,
Courbe ſon corps ſur un appui de frêne,
Et fortement tient le cordon qu'il ſuit.

Mais en captif te retenant ſans ceſſe,
Trop ſimple enfant, ainſi TIRÉSIAS
T'empêchera, barbare par tendreſſe,
De reſter ſeul auprès de ta maitreſſe,
Et ſçaura bien, quand tu guides ſes pas,
Sur tous les tiens veiller avec adreſſe.

Souvent ECHO, ſouvent NARCISSE en pleurs,
Près de leur pere uniſſoient leurs douleurs,

Et ce bon pere, ému de ces allarmes,
Pleuroit lui-même, en essuyant leurs larmes.

Regards, soupirs, quelques baisers encor,
Donnés, rendus, savourés en cachette,
Malgré les soins de l'aveugle Mentor,
Méloient du moins, dans leur âme inquiéte,
A l'amertume une douceur secrette.
Mais ces baisers tremblans, mal-assurés,
Ces foibles biens, que sont-ils, comparés
A ces torrens de volupté parfaite,
Où les Amans, de plaisir altérés,
Sont, à longs traits, de plaisir enivrés?

Un jour enfin (jour de triste mémoire,
Qui vit la faute & les malheurs d'ECHO!
Jour qui devroit des fastes de l'histoire
Etre effacé, par la main de CLIO!) *
L'Astre du Monde ouvroit encore à peine,
Dans l'Orient, son Palais de vermeil :
Près d'un taillis, sur le bord d'une plaine,
Parmi les fleurs, sous la voûte d'un chêne

---

* *Muse qui préside à l'histoire.*

Impénétrable aux rayons du Soleil,
D'accord entr'eux, ZÉPHIRE & le ſommeil
Flattoient NARCISSE, & ces gardiens fideles,
Au loin chaſſoient, en ſecouant leurs aîles,
Les noirs ſoucis, juſqu'au tems du réveil.
Depuis trois jours, depuis trois nuits entieres,
Vous n'aviez pu, Dieu des heureux pavots, *
Sous votre main abaiſſer ſes paupieres,
Ni dans ſes ſens rétablir le repos.
Il preſſentoit les approches fatales
De ſon malheur : mais les Dieux quelquefois
A nos chagrins laiſſent des intervalles :
Le ſommeil vient : la Nature a ſes droits.

ECHO ſurvint. L'ennui qui la dévore
Vers ſon amant l'appelle dès l'aurore.
Le tendre Amour préſente à ſes regards
TIRÉSIAS, & celui qu'elle adore.
Près d'eux, ſur l'herbe, étoient de toutes parts
Traits & carquois confuſément épars,

---

* *C'eſt le Dieu du ſommeil : le pavot lui eſt conſacré.*

Traits, dont NARCISSE, en des jours plus tranquilles,
Aimoit l'uſage, & qu'il laiſſe inutiles.
Près du vieillard qui le tient enchaîné,
Sur ſes genoux, d'un air de confiance,
Il ſommeilloit, mollement incliné,
Et le vieillard, ſeul, aſſis en ſilence,
Le ſoutenoit, d'un air de complaiſance.

L'agile ECHO précipitoit ſes pas:
Mais, tout-à-coup, immobile, enchantée,
Un peu loin d'eux elle s'eſt arrêtée.
A cet enfant, qui ne la voyoit pas,
Elle ſourit, en étendant les bras;
Elle ſourit, & pourtant elle pleure.
Le Ciel préſente un contraſte pareil,
Lorſque dans l'air, on voit, à la même heure,
Tomber la pluye, & briller le ſoleil.
» Sans doute, hélas! à ſon inquiétude,
» Toute la nuit, dit-elle, il s'eſt livré;
» Au jour naiſſant, le ſommeil eſt entré
» Dans ſes beaux yeux, fermés de laſſitude,

» Comme en dormant, il reprend ſa fraîcheur
» Et ſes attraits! que, dans cette attitude,
» Il eſt touchant! qu'il eſt cher à mon cœur! »
Vers le gazon où NARCISSE repoſe,
Diſant ces mots, elle court vivement;
Puis, abaiſſant une bouche de roſe,
De cent baiſers, doucement, doucement,
Preſſe, en ſecret, ſa bouche demi cloſe.
Qu'il eſt heureux! mais que dis-je? endormi,
S'il eſt heureux, il ne l'eſt qu'à demi.

Enfin, cédant à ſa douleur amere,
ECHO ſe jette aux genoux de ſon pere,
Et d'une voix qu'éteignent les ſoupirs,
Exprime ainſi ſes mortels déplaiſirs:
» O vous, de qui la bonté paternelle,
» NARCISSE & moi, daigne nous conſoler!
» Toujours le ſort nous fera-t-il trembler?
» Que tarde-t-il? & quand ſa main cruelle
» Du dernier trait nous doit-elle accabler?
» Faut-il long-tems languir dans la contrainte,

» En l'attendant ? condamnés par le Ciel,
» Faut-il encor que nous mourions de crainte,
» Cent fois le jour, avant le coup mortel ?
» Ah ! quel que soit ce malheur que j'ignore,
» L'incertitude est plus affreuse encore.
» Il est cent maux que notre esprit flottant
» Craint, tour à tour, pour un qui nous attend.
» Mais, ce qui rend notre infortune extrême,
» Nous redoutons le jour du bonheur même :
» Nous nous aimons, & n'osons nous unir !
» Seroit-ce un mal de s'unir quand on s'aime,
» Pour que le Ciel voulut nous en punir ?
» O vous, mon pere ! ô si jamais votre âme
» Du tendre amour avoit connu la flâme !
» Si vous lisiez dans le sein des Amans,
» Avec pitié vous verriez nos tourmens.
» Un Dieu menace. A-t-il quelque supplice
» Plus dur pour moi que de perdre NARCISSE ?
» Je crains sa perte, & c'est mon seul effroi.
» Mon cher Amant ! Toi seul es tout pour moi.
» Mon choix est fait, s'il faut que je choisisse,

» Ou de mourir ou de vivre ſans toi.
» Je périrai . . . Sera-ce avec juſtice ?
» Suis-je coupable ? » Alors TIRÉSIAS,
» Craignez le Ciel & ne l'accuſez pas :
» Le Ciel eſt juſte. Eſt-ce à vous, téméraire,
» D'oſer juger la juſtice des Dieux ?
» Ah ! réprimez ce penchant curieux,
» Ou redoutez un châtiment ſévere.
» PENCHANT FUNESTE ! ECHO, TREMBLE AUJOURD'HUI
» D'ÊTRE COUPABLE, ET DE L'ÊTRE PAR LUI *

» Mais le tems vole. Allez dans ces campagnes,
» Allez, ma fille, aſſembler vos compagnes.
» Je vous attends ; & quand l'Aſtre du jour
» Aura fourni la moitié de ſon tour,
» Nous irons tous, dans un grand ſacrifice,
» (Honneurs, hélas ! peut-être ſuperflus !)
« Prier JUNON de vous être propice :
» Craignez JUNON . . . Je n'en dirai pas plus ;

---

* *Ces paroles ſont une prédiction. Ce fut la curioſité d'Echo qui la perdit.*

» Et dès ce ſoir (ſi de triſtes préſages ,*
» Lorſque tantôt nous irons l'implorer ,
» N'annoncent pas qu'il faut vous ſéparer ,
» Et que ſa main rejette vos hommages)
» Oui, dès ce ſoir , je couronne vos vœux.
» Car (je le ſens) enfin cette journée
» Doit décider de votre deſtinée ,
» Et va vous rendre heureux ou malheureux. »

ECHO partoit. Dans le vague des nues ,
Elle apperçoit deux cignes éclatans ,
Au col fléxible , aux aîles étendues ,
Qui dans un char , au bruit de leurs accens ,
Traînent VÉNUS , & volent ſur les vents.
En ſe jouant , légerement ils fendent
Le ſein des airs , & lentement deſcendent
Sur le gazon , juſqu'aux pieds du Vieillard.
Avec reſpect , peſamment il s'empreſſe ,
De ſe lever , d'aller à la Déeſſe ,

---

* *On verra dans le quatriéme Chant les préſages qui précéderent ce ſacrifice.*

Pour

Pour l'adorer, au sortir de son char,
Retombe assis, & maudit sa vieillesse.
Au mouvement que fit TIRÉSIAS,
L'enfant roulant s'en va sur l'herbe épaisse
Tomber près d'eux, & ne s'éveille pas :
Tant le sommeil lui rend avec usure,
Ce que le soin fit perdre à la nature.

» Dors, cher Enfant, sous ces ombrages verds,
» Esprits légers, qui volez dans ces plaines,
» Paisibles vents, par vos molles haleines,
» Autour de lui, rafraîchissez les airs.
» Vous, mes oiseaux, par vos tendres concerts,
» Calmez son âme, & faites dans ses veines
» Couler la paix & l'oubli de ses peines. »
Ainsi parla la Mere des Amours;
Puis, s'asséyant sur un lit de verdure :
» Guide prudent, qui veillez sur ses jours,
» Hélas ! dit-elle, à vous seul j'ai recours :
» Apprenez-moi sa disgrace future,
» Et de son sort percez la nuit obscure. ».

» Belle VÉNUS (reprit TIRÉSIAS)
» De l'avenir le Deſtin eſt le maître.
» Sa volonté dirige tous nos pas :
» Reſpectons-la ſans vouloir la connoître ;
» Pour la connoître, on ne la change pas.
» Eh ! qui, d'ailleurs, de ce Dieu redoutable
» Peut déchirer le voile impénétrable ?
» Par moi, ſans doute, il annonce aux mortels,
» Tantôt des biens, tantôt des maux cruels :
» Mais par ma voix rarement il déclare
» Quels ſont ces maux ou ces biens qu'il prépare.
» Avec moi-même il ſçait diſſimuler,
» Et ne répand qu'une lumiere avare
» Sur les ſecrets qu'il veut me révéler.

» De ces enfans ce qu'il daigne prédire,
» Diverſement ſe peut interprêter.
» Il ſeroit long de vous le répéter,
» Tendre CYPRIS, & pour vous le rédire,
» De mon hiſtoire il faudroit vous inſtruire :

» Il en dépend, & s'y trouve enchaîné...
» Mais laiſſons-là mon ſort infortuné,
» Et de ma vie étouffons la mémoire. »

» Non, dit VÉNUS; il faut tout recueillir :
» Le paſſé peut expliquer l'avenir.
» J'attends de vous ce récit, cette hiſtoire
» Toujours promiſe, & remiſe toujours :
» C'eſt trop long-tems différer, tous les jours,
» Cette faveur qu'une Déeſſe implore.
» Ne penſez plus vous en défendre encore,
» Ni m'échapper par de nouveaux détours.
» Voyons enfin ces évenemens rares,
» Ce long tiſſu d'aventures bizares,
» Qui de vos ans ont illuſtré le cours.
» Parlez ſans crainte : à l'ombre de ce chêne
» Nous ſommes ſeuls, nul témoin ne nous gêne ;
» Nul indiſcret n'entendra nos diſcours. «

Ainſi du moins le croyoit la Déeſſe :
Mais un buiſſon déroboit à ſes yeux

La jeune ECHO, qui s'étoit, auprès d'eux ;
Dans le taillis glissée avec finesse.
En surprenant ce qu'ils disoient tous deux,
ECHO vouloit pénétrer ce mystere
Qui l'intéresse, & que l'on veut lui taire.
Injustes Dieux ! pourriez-vous la punir
D'avoir tenté de sauver ce qu'elle aime ?
Seroit-il vrai qu'elle eût fait elle-même
Tout son malheur, voulant le prévenir ?

Elle étoit fille ; elle étoit amoureuse ;
Elle trembloit pour l'objet de ses soins :
C'étoit assez pour être curieuse,
C'étoit assez : filles le sont pour moins ;
Mais je ne veux fronder ce sexe aimable,
Et pour ECHO sa faute est excusable.
Si cette Nymphe est coupable en ceci,
Je lui pardonne, Amour la fit coupable.
Puisse le sort lui pardonner aussi !

Diſcrettement, & d'une main habile,
En écartant le feuillage mobile,
L'œil & l'oreille avidement ouverts,
Elle regarde, elle écoute au travers;
Ne peut qu'à peine, en ce petit azile,
Trouver ſa place, & craint de ſe montrer,
Ne ſe meut pas, & n'oſe reſpirer;
Sçait ramaſſer ſon corps ſouple & facile,
Se promettant, durant cet entretien,
D'épier tout, un mot, un geſte, un rien:
Un mot, un geſte, un rien, tout eſt utile;
Comme elle auſſi VÉNUS le ſçavoit bien.
VÉNUS croyoit de ces énigmes ſombres
Voir, par dégrés, ſe diſſiper les ombres;
Qu'une parole, échappée au hazard,
Dans le récit qu'elle attend du Vieillard,
Malgré lui-même, éclairciroit peut-être
Ce qu'il ſembloit n'oſer faire connoître;
Qu'une fois mis en humeur de conter,

(Car on se plaît à conter à cet âge)
A ce plaisir se laissant emporter,
Il pourroit bien, moins discret & moins sage,
Par quelque trait imprudemment lâché,
De l'avenir entr'ouvrir le nuage,
Et dévoiler ce qu'il tenoit caché.

TIRÉSIAS dans un profond silence
Devoit toujours se tenir retranché :
Mais il sent peu la triste conséquence
De son récit ; & l'humaine prudence,
Qui dans la nuit, de tout tems a marché,
Dans quelque abîme a toujours trébuché ;
D'ailleurs, quel art, quels ressorts, quelle adresse
VÉNUS alors n'employa-t-elle point ?
Plainte, menace, autorité, caresse,
Tout fut d'usage, on n'obmit aucun point.
Contre VÉNUS que peut notre foiblesse,
Quand l'artifice à son pouvoir est joint ?

Il balançoit : la belle Enchantereſſe
Soudain lui donne un baiſer plein d'appas,
Vole à ſon col, contre ſon ſein le preſſe,
Et tendrement le ſerre dans ſes bras.
La jeune vigne entoure ainſi l'écorce
D'un orme antique, & l'embraſſe avec force.

TIRÉSIAS, rechauffé par VÉNUS,
Sentit en lui ſe ranimer la cendre
De ces doux feux, autrefois ſi connus,
Et d'un ſoupir il ne put ſe défendre.
» Vous rappellez à notre ſouvenir
« Un tems bien cher, dit-il à CYTHÉRÉE.
» O tems heureux, mais de courte durée,
» Tems des Amours, qui ne peux revenir,
» Devois-tu naître ? ou devois-tu finir ?
» Regrets amers ! Mon âme déchirée,
» Tout de nouveau ſe r'ouvre à ſes douleurs.
» Il faut pourtant vous conter mes malheurs.

» La Renommée en a parlé, ſans doute,
« Plus d'une fois, à la table des Dieux :
» Mais ſes cent voix dans la céleſte voûte
» Mentent ſouvent, comme dans ces bas lieux.

CHANT TROISIÉME.

DEPUIS le jour où, témoin de vos charmes,
Au Mont Ida, l'heureux berger PÂRIS,
De la beauté vous accordant le prix,
Força JUNON de vous rendre les armes,
JUNON piquée a toujours contre vous
Lancé les traits de ſon dépit jaloux;
Et l'avenir ne peut vous ſauver d'elle,
Puiſqu'elle eſt femme, & qu'elle eſt immortelle;
Souffrez ce mot, ſans montrer de courroux.
Moi, qui du ſien devois me croire indigne,
J'en ſuis auſſi l'objet infortuné,
Et mon exemple eſt une preuve inſigne
Que ſon cœur dur n'a jamais pardonné.
Or, ſi ce cœur nous unit dans ſa haine,
Dès-lors, VÉNUS, elle voit avec peine
Nos citoyens, enfans de votre choix:
Ils ſont à vous, & vivent ſous mes loix,
C'en eſt aſſez, la commune ennemie,
Renverſant l'Iſle encor mal affermie,
Veut de nous deux ſe venger à la fois.

Elle eſt puiſſante, & les bords du Scamandre,
Beaux lieux, changés en un ſéjour d'horreur,
Ces Tours, qu'envain vous voulûtes défendre,
Cet Ilion, dont fume encor la cendre,
Ont éprouvé ce que peut ſa fureur.
Cette fureur aujourd'hui ſe ranime,
Mais ſans éclat, & cherchant ſourdement
A nous creuſer un inviſible abîme,
Avec plus d'art, agit plus ſûrement.
Ce couple aimable en ſera l'inſtrument;
Il en ſera la premiere victime,
Si le Deſtin n'en ordonne autrement:
Car le Deſtin, par ſon vouloir ſuprême,
Peut rendre vain ce qu'elle a reſolu;
Mais je crains bien que ce Maître abſolu,
Dans ſes projets ne la ſerve lui-même.
Tendres Amans, tout me préſage aſſez
Qu'il doit vous perdre; & mes malheurs paſſés
De vos malheurs ſont l'image & l'emblême.
Pour me porter les plus ſenſibles coups,
On me pourſuit auſſi dans ce que j'aime,
Et c'eſt moi ſeul que l'on punit en vous.

On vous punit, & je ſuis le coupable !
Eh ! quoi ! JUNON ne ſe contente pas
De tous les maux dont ſa rage implacable
A juſqu'ici frappé TIRÉSIAS !
Je l'offenſai : mais des traits d'imprudence,
Dignes, au plus, d'un châtiment léger,
Méritoient-ils cet excès de vengeance ?
Daignez, VÉNUS, m'entendre & me juger.

Sorti des murs, qu'aux accens de ſa lyre
Un fils des Dieux, Architecte nouveau,
Près de l'Euripe autrefois ſçut conſtruire,
(Sacrés remparts, qui furent mon berceau !)
Je voyageois, curieux de m'inſtruire,
Jaloux de voir, dès mes plus jeunes ans,
L'eſprit, les mœurs des Peuples différens.
Je parcourois ces Iſles renommées
Que voit la Grèce à l'Orient ſemées,
Et dont le cercle environne Délos.
Une tempête, un Dieu plûtôt m'égare
Près de l'Aſie, au ſein des vaſtes flots
Rendus fameux par la chute d'ICARE.

Et le Deſtin me conduit à Samos,
Que n'ai-je, ô ciel! péri dans cet orage!
Mais mon malheur me ſauva du naufrage.

Ce fut, Déeſſe, en ce triſte ſéjour
Que de JUNON j'excitai la colere.
Comme à Cadmus, le ciel m'offrit un jour
Deux grands ſerpents, qui, près d'une onde claire,
Gardoient ſes bords & les bois d'alentour.
L'Amour s'aprête à les unir enſemble:
Mais quel amour! à la haine il reſſemble.
Ces fiers dragons, près de ſe careſſer,
En s'abordant, ſembloient ſe menacer.
Entre les dents, dont leur gueule eſt armée,
Sort en trois dards, leur langue envenimée,
Organe impur qu'anime le deſir,
Signal affreux de leur affreux plaiſir.
D'un rouge ardent leur prunelle enflammée
Jette autour d'eux des regards foudroyans.
Mais tout-à-coup ils ſifflent & s'embraſſent,
Etroitement l'un l'autre ils s'entrelaſſent
Dans les replis de leurs corps ondoyans.

De vingt couleurs l'éclat qui les émaille,
Varie au gré de ces longs mouvemens,
Et mon œil voit, dans leurs embraſſemens,
D'un feu changeant s'allumer leur écaille.
Telle eſt l'Iris, quand un nuage obſcur,
Chargé de pluye, altéré de lumiere,
Boit le ſoleil, & vers notre paupiere
Réfléchit l'or, & la pourpre & l'azur.

Un javelot (ſans en prévoir l'uſage,
Dans une main j'avois deux javelots)
Lancé d'abord ſur ce couple ſauvage,
De leur ſang noir, qui couloit à ruiſſeaux,
Teignit, près d'eux, les herbes & les eaux,
Bleſſés tous deux, tous deux avec courage
Dreſſent la tête, & recourbent de rage
Leur queue immenſe, en cercles redoublés,
Puis, juſqu'à moi, s'allongent, ſe déployent
D'un ſaut agile, & devant eux m'envoyent
Tous leurs poiſons en vapeurs exhalés.
De l'autre dard j'arrête leur furie,
Et par mon bras, malgré leur force unie,

Le double monſtre, à la fois combattu,
Dans la pouſſiere, à la fois abbattu,
Laiſſe à mes pieds ſa colere & ſa vie.

Ils expiroient. Une voix dans les airs,
Au bruit des vents, au milieu des éclairs,
S'ouvre un paſſage, & me glace de crainte:
Ah! malheureux! près d'une ſource ſainte,
Et ſur des bords à JUNON conſacrés,
Oſes-tu bien, dans tes fureurs impies,
De ce lieu même attaquer les Génies,
Ces demi-Dieux à Samos adorés?
Tremble...Frémis. JUNON qui les protège
Sçaura punir ce forfait ſacrilège.
Ta cruauté, ſans reſpecter leurs feux,
Les a privés des plaiſirs amoureux:
Bientôt toi-même, avec plus de juſtice,
Éprouveras un ſemblable ſupplice,
Et tu verras tes Élèves, un jour,
Ainſi que toi, le prouver à leur tour.
Ah! j'ai rempli de l'Oracle funeſte
Une partie; ils rempliront le reſte.

Je n'avois pas, en ce tems fortuné,
Ce front bruni, de rides ſillonné,
Ce grand front chauve, & cette barbe épaiſſe
Que, tous les jours, argente la vieilleſſe.
Que mon bel âge a fui d'un vol léger!
Que promptement, dans ſon cours paſſager,
Chacun de nous touche au ſoir de la vie!
Le tems cruel, & ſa faulx ennemie
N'approchent point de l'Olympe immortel,
Et les Dieux ſeuls ont un jour éternel.

Avant le tems de mes longues diſgraces,
Jadis en moi ſe trouvoient réunis
Les doux attraits, la jeuneſſe, les graces,
Et de NARCISSE & de votre Adonis:
Auſſi les cœurs voloient tous ſur mes traces.
Mille beautés, dignes de m'enflammer,
Avoient cherché vainement à me plaire:
Dans les forêts, errant & ſolitaire
Je me cachois, & je craignois d'aimer.
Je vis IRÊNE, & mon fier caractere,
A ſon aſpect ſe ſentit déſarmer.

Aimable IRÊNE ! objet ſi plein de charmes !
Victime, hélas ! de tes ſeux trop conſtans !
Fille trop tendre ! après trois fois ſeize ans,
Ton ſouvenir m'arrache encor des larmes.

Devant les Dieux je reçus ſon ſerment,
Elle eut le mien. Nous touchions au moment
Si cher pour moi, ſi cher pour elle-même :
Nous avançions vers le bonheur ſuprême ;
Ma bouche avoit des baiſers précurſeurs
Cueilli déjà les premieres douceurs :
Mais, ô prodige ! ô ſoudaine diſgrace !
Dans tous mes ſens émus par le deſir,
Et qu'animoit l'approche du plaiſir,
Un froid mortel ſe répand & les glace :
J'en perds l'uſage... ou plûtôt... quel affront !
Je perds... La honte eſt encor ſur mon front.
O chere épouſe ! en quel moment étrange,
Et par quel trait, inoui juſqu'alors,
Cette JUNON me ſuſpend & ſe venge !
Entre tes bras, la cruelle me change

En

En jeune Nymphe, & trompe mes transports :
Je m'éclipsai dans mes plus doux efforts.
Telle en nos champs la tendre sensitive
Fuit le toucher, délicate & craintive,
Et rentre en soi ; mais du moins, ô VÉNUS!
Si nous ôtons le doigt qui la captive,
Elle renaît & plus fraîche & plus vive :
Elle renaît ; & moi, triste, confus,
Moi, sans renaître, hélas! je disparus
A mes regards, comme aux regards d'IRÊNE ;
Et mon Amante étonnée, incertaine,
En moi me cherche & ne me trouve plus.
» Ainsi le sort nous joue & nous opprime,
» S'écria-t-elle : ainsi, foibles humains,
» A peine il met le bonheur dans vos mains,
» Que devant vous il ent'rouvre un abîme,
» Où vous voyez fondre & s'évanouir
» Ce vain bonheur, dont vous deviez jouir.
» Toi, qu'il détruit, je vois de cet outrage,
» De ce néant s'indigner ton courage ;

» Je souffre aussi : tout est fini pour moi.
» Mais à ta main si je ne puis prétendre,
» J'attends de toi l'amitié la plus tendre ;
» C'est mon espoir. Ne crois pas qu'après toi
» Aucun amant m'engage sous sa loi.
» Quand tu n'es plus, je veux chérir ta cendre,
» Et ta mémoire aura toujours ma foi.

Je fus sensible à cet amour fidelle,
Et je l'aimai, mais sans brûler pour elle.
Eh ! que pouvois-je en cet état nouveau ?
Elle avoit vu dans la nuit éternelle
De mes desirs s'éteindre le flambeau :
J'étois vivant, & j'étois au tombeau.

D'IRÊNE, au moins, compagne inséparable,
Je lui donnois mes inutiles jours :
Notre amitié devint inaltérable.
Près d'elle enfin j'oubliai pour toujours
Ces lieux charmans, ces lieux qui m'ont vû naître,
Et que l'Ismene arrose dans son cours :
Comment alors pouvois-je y reparoître ?

Tous mes conſeils ne purent étouffer
Au ſein d'IRÊNE une ardeur inſenſée.
Mon vain fantôme occupoit ſa penſée,
Et la raiſon ne put en triompher.
Sa paſſion, foiblement endormie,
Se réveilloit de moment en moment,
Et chaque jour, aux yeux de ſon amie,
Elle donnoit des pleurs à ſon amant.

J'étois bien loin de partager ſa flâme.
Le ſexe dit que la ſimple amitié
Peut, ſans l'Amour, ſatisfaire ſon âme,
Le ſexe ment: le tendre Amour réclame
De ces beaux cœurs au moins une moitié;
J'en fis l'épreuve. ACIS eut ma tendreſſe,
ACIS m'aimoit, ACIS ſçavoit aimer:
Je fus diſcrette, & ma délicateſſe
Voulut cacher à ma triſte Maitreſſe
Un feu nouveau qui devoit l'allarmer.
Mais j'ignorois que le trait qui nous bleſſe
Ne peut en nous toujours ſe renfermer,

Et qu'il n'eſt point de ſi ſecret myſtere,
Que tôt ou tard un œil jaloux n'éclaire.
A ma rougeur, à ce trouble ſi prompt
Qu'au nom d'ACIS, on voyoit ſur mon front,
A mon ſilence, à mon air de contrainte,
IRÊNE apprit mon penchant & ma feinte.

Pardonne, IRÊNE. A mon cœur, comme au tien,
Un Dieu commande, un Dieu, tu le ſçais bien,
Qui, malgré nous, de nous-mêmes diſpoſe.
ATHÉNAÏS (ce nom étoit le mien,
Depuis le jour de ma métamorphoſe)
ATHÉNAÏS plaint les maux qu'elle cauſe,
Plaint ton amour, mais s'occupe du ſien.
Que diras-tu? De quelle jalouſie
Ton âme, hélas! ſera-t-elle ſaiſie,
Lorſque, malgré tes regrets & tes cris,
Mon jeune Amant, aux Autels d'Hymenée
Me conduira, de guirlandes ornée,
Comme on m'a vu t'y conduire jadis?

Elle arriva, cette grande journée.
Souvenez-vous de cet inſtant, CYPRIS,

Où, dans les bras d'IRÊNE consternée,
TIRÉSIAS devint ATHÉNAÏS.
Vous le dirai-je ? En un moment semblable ;
Quand mon époux est à peine en mes bras,
Quand au plaisir tout paroit favorable,
Par un retour que je n'attendois pas,
ATHÉNAÏS devint TIRÉSIAS.
Ainsi, deux fois la Déesse fatale
Me fit souffrir le tourment de TANTALE,
Ainsi, le sang des serpens amoureux
Sollicitant sa cruelle justice,
Elle voulut, pour les venger tous deux ;
Du double sexe en moi tromper les feux,
Unir en moi le différent supplice
Que dût jadis éprouver chacun d'eux.
Ce châtiment auroit dû lui suffire.
ACIS gémit. De ses bras caressans,
Les yeux baissés, honteux je me retire,
Et lui remets son cœur & ses présens.

Je le quittai, pour voler chez IRÊNE.
Enfin, disois-je, à moi-même rendu,

Je vais encor la ſaire Souveraine
D'un tendre cœur qu'elle a long-tems perdu.
Flatteuſe idée ! eſpérance trop vaine !
J'entre...la Parque alloit trancher ſon ſort,
Et m'attendoit pour cette horrible ſcène.
» Irêne ! ... ô Dieux (criai-je, avec tranſport)
» Vois ton Amant que le Ciel te ramene,
» Entends ma voix » ... Elle fait un effort,
Étend les bras, me cherche, ouvre avec peine
Des yeux nageans dans l'ombre de la mort,
Me reconnoît ... Un doux rayon de joie
Sur ſon viſage, où regnoit la pâleur,
Fait, un moment, renaître la couleur.
» Seroit-ce toi ? Que faut-il que j'en croie ?
» Se peut il bien qu'enfin je te revoie ?
« Mais dans quel tems ? Ah ! je n'ai pu ſouffrir
» Ton autre Hymen : ma tendreſſe jalouſe
» M'a conſumée... Adieu, je vais mourir,
» Heureuſe au moins de mourir ton épouſe !
» Retiens tes pleurs. Puiſſé-je, à l'avenir,
» Trop cher Époux, vivre en ton ſouvenir !

» Puiſſé-je ! « . . Alors elle perd la lumiere.
Hélas ! en vain la ſerrant dans mes bras ,
Je la voulois diſputer au trépas.
Il me fallut lui fermer la paupiere ,
Et ſur ſa bouche on me vit recueillir
Ses feux , ſon âme , & ſon dernier ſoupir.

Dès cet inſtant (pardonnez , ô Déeſſe)
Je pris en haine & l'Hymen & l'Amour :
Dès lors , mon cœur , flétri par la triſteſſe ,
A vos plaiſirs ſe ferma , ſans retour.
Si mon image a dans le ſein d'IRÊNE
Regné jadis juſqu'à ſon dernier jour ,
Je veux moi-même , occupé de la ſienne ,
Dans le tombeau l'emporter à mon tour.

Je voulois fuir une Iſle que j'abhorre :
Mais le Deſtin , qui fit tous mes malheurs ,
De ces premiers peu ſatisfait encore ,
M'y préparoit de nouvelles douleurs.

C'eſt à Samos que JUNON prit naiſſance ;
C'eſt à Samos , ſéjour de ſon enfance ,

Que de ſon frere elle fit ſon époux.
Elle s'y plaît, & cette heureuſe terre
Lui ſert d'aſyle, en ces momens jaloux
Où, pour un tems, la Déeſſe en courroux
Renonce au lit du Maître du Tonnerre.
Souvent auſſi JUPITER ſuit ſes pas;
Dans ces boſquets il la trouve plus belle.
A leur aſpect, ſon cœur ſe renouvelle,
Et brûle encor de ces feux délicats
Qu'il y ſentit pour ſes jeunes appas;
Et ſon amour met à profit, près d'elle,
Les ſouvenirs que ce lieu leur rappelle.
Mais quelquefois elle vient s'y cacher,
Reſpirer ſeule, & jouir d'elle-même:
Sans cour, ſans pompe, elle vient y chercher
La liberté, qui fuit le rang ſuprême:
De ſon front grave elle y vient détacher
Tous ſes ennuis, avec ſon Diadême:
Elle y vient rire; on rit peu dans les Cieux.
Je la plaindrois, je plaindrois tous les Dieux
D'être immortels, ſi ces Dieux qu'on révere

Devoient traîner leur triſte éternité,
Sans dépouiller la majeſté ſévère :
Si, pour l'honneur de la Divinité,
Ils ne pouvoient briſer la chaîne auſtère
De la contrainte & de la dignité.
JUNON commande à la Nature entiere,
Je le confeſſe, & pour ce cœur ſi fier
Il eſt flatteur de marcher la premiere
Parmi les Dieux, & près de JUPITER.
Il faut pourtant à cette Reine altiere
D'autres plaiſirs, des plaiſirs plus touchans.
Samos lui r'ouvre un ſein qui l'a nourrie,
Et JUNON trouve en cette Iſle fleurie
Ces plaiſirs purs, qui naiſſent dans les champs.

Elle y parut, alors que toute prête,
Sur le rivage, en ſes replis flottans
Déjà ma voile empriſonnoit les vents.
J'allois partir : mais ſon ordre m'arrête.
Conduit près d'elle, & près de ſon époux,
Dans un ſallon de fleurs & de verdure,
Orné des mains de la ſimple Nature,

Je viens, je tombe à leurs ſacrés génoux.
De l'Univers je contemple les maîtres.
Ils étoient ſeuls, car les Dieux de leur cour,
Etoient reſtés au céleſte ſéjour;
Et le troupeau des demi-Dieux champêtres,
Par JUPITER, enivrés en ce jour,
Trop échauffés de nectar & d'amour,
L'avoient quitté, pour ſuivre ſous les hêtres
Le jeune eſſain des Nymphes d'alentour.
L'exemple entraîne; & le fils de SATURNE
Avoit auſſi, ſur la fin du repas,
Preſſé JUNON, & volé dans ſes bras.
Tout l'annonçoit! on remarquoit une urne
Sur le gazon renverſée auprès d'eux,
Et cent criſtaux, qui briſés dans leurs jeux,
Témoins récens d'une gaieté folâtre
Du grand combat parſemoient le théâtre.

Sages enfin, après l'emportement,
Ils jouiſſoient de ce repos charmant
Où tombe une âme heureuſe & ſatisfaite;
Calme enchanteur, tranquillité parfaite,

Pure, ſans trouble & ſans égarement.
Ils raiſonnoient ; ils demandoient comment
L'enfant Amour, qui paroît ſi paiſible,
Porte en nos ſens ce tumulte terrible,
Tel que celui de l'humide élément,
Quand l'Aquilon de ſon ſouffle invincible
Le bouleverſe impétueuſement ?
Ils demandoient ſi ſa flamme inviſible
Sur chaque ſexe agit également ?
Lequel des deux, la Maîtreſſe ou l'Amant,
Prend plus de part, ſe montre plus ſenſible
A ſes plaiſirs, dans un tendre moment ?
JUNON diſoit : faut-il qu'on délibere ?
Ne ſçait-on pas qu'en ces inſtans ſi doux,
L'homme plus vif eſt plus flatté que nous ?
Mais JUPITER prétendoit le contraire.
C'eſt aux Experts, d'expliquer ce myſtere :
Mais des Experts, en eſt-il ſur ce point ?
L'expérience, en ce cas, néceſſaire
Qui peut l'avoir ? Eh ! CYPRIS ne l'a point :
CYPRIS pourtant du plaiſir eſt la mere.

A ce propos la Déesse sourit,
Et le Vieillard en ces termes reprit.

On me fit juge, en cette conjoncture.
J'étois fameux ; & ma double aventure,
Dont les détails ont été mal connus,
A JUPITER donnoit droit de conclure
Que je pouvois, instruit sur la Nature,
N'ignorant pas l'une & l'autre VÉNUS,
Développer cette matiere obscure.
Il ne sçavoit mes destins qu'à demi,
Et je le crois : sa sagesse profonde
Peut bien mouvoir les grands ressorts du Monde,
Sans s'occuper du sort d'une fourmi.
De mes malheurs JUNON mieux informée,
Puisqu'en secret elle en étoit l'auteur,
A son époux loin d'ôter son erreur,
Accréditoit ma fausse renommée ;
Elle rioit, & jouissoit tout bas
De sa malice & de mon embarras,
Combloit mes maux, qui furent son ouvrage,
En y joignant & l'insulte & l'outrage,

Et m'honoroit, pour me faire rougir.
Sa bouche enfin, paroiffant m'applaudir,
Par un difcours, que le Dieu crut fincere,
Sçut m'accabler d'une ironie amere :
» Vous, qui rendez les Dieux mêmes jaloux!
» Pour qui le fort, de fes dons moins avare,
» A réuni par un accord fi rare,
» Les deux plaifirs & d'époufe & d'époux!
» De ces plaifirs quelle eft la différence ?
» Lequel vous femble & plus vif & plus doux ?
» Une difpute, élevée entre nous
» Sur ce problême, attendoit la fentence
» D'un connoiffeur, d'un juge tel que vous.
» Des Rois du Ciel éclairez l'ignorance.
» Le Monde entier, qui vantoit votre nom,
» Des Dieux encor vous nommera l'arbitre.
» A ce bienfait, reconnoiffez JUNON;
» Vous lui devrez ce refpectable titre »

Je reffentis jufqu'au fond de mon cœur
Le fel piquant de ce difcours mocqueur.
Mais malgré moi, malgré ma honte extrême,

Je l'acceptai, ce titre ſi pompeux,
Et j'avoûrai que, par vanité même,
Je fus ſenſible à cet honneur ſuprême :
Vanité folle ! honneur trop dangereux !
Sur cette mer inſenſé qui s'expoſe !
Ah ! croyez-moi, ne jugeons point la cauſe
De deux époux, ſurtout quand ils ſont Dieux.

Mon jugement à JUNON fut contraire.
J'avois connu les différens deſirs ;
A leur ardeur meſurant les plaiſirs,
Je ſatisfis, ou je crus ſatisfaire,
Et ma vengeance, & l'équité ſévere.
JUNON perdit. Par de très-grands éclats
Elle annonça ſa fureur vengereſſe,
Le Dieu ſourit. » Ah ! ne triomphez pas,
Dit auſſi-tôt la terrible Déeſſe,
» Sçachez enfin que ce TIRÉSIAS
» A, ſans jouir, conſumé ſa jeuneſſe ;
» Que les plaiſirs appellés tous les jours,
» (Quoiqu'il ſe flatte & trompe ſans ſcrupule,
» En ce moment JUPITER trop crédule)

» Jamais pour lui n'ont cessé d'être sourds,
» Et n'ont jamais couronné ses amours;
» Que des plaisirs ce Juge ridicule
» Est un aveugle .... & le sera toujours. »
En prononçant cet arrêt formidable,
JUNON me jette un regard furieux,
S'élance à moi, fait deux fois, sur mes yeux,
Tomber le poids de sa main redoutable,
Pour me ravir la lumiere des cieux.
Sans doute, alors, par sa rage inhumaine
Elle me crut aveuglé, sans retour:
Graces du moins à ma fuite soudaine,
Un de mes yeux fut seul privé du jour.
Sa main sur l'autre heureusement trompée,
De la prunelle obliquement frappée,
Légerement effleura le contour.

Tremblant encor, je cherche une onde pure,
Pour y laver ma sanglante blessure:
Mais admirez cette fatalité
Qui, pas à pas, me suit, dès ma naissance;
De mon étoile admirez l'influence
Et les effets de sa malignité.

MINERVE, ſeule, à Samos deſcendue,
Avoit du Ciel ſuivi les Souverains :
Mais du Dieu PAN, des FAUNES, des SYLVAINS
Elle évitoit l'indécente cohue.
Hélas ! VÉNUS, le bord des mêmes eaux
Où je courois, pour ſoulager mes maux,
Ce bord déſert la préſente à ma vue,
Lorſque ſans voile, & la jambe étendue,
Demi-plongée, elle entroit dans les flots.
Elle me voit, & d'une main modeſte
Cachant à peine un tiers de ſes appas,
Elle menace, & murmure tout bas
Des mots ſecrets, dont le charme funeſte,
Quand j'approchois, fixe & retient mes pas,
Et, pour toujours, ferme l'œil qui me reſte.
» Adieu (dit-elle, en s'éloignant de moi)
» Le bel enfant, qui fera tes délices,
» Seroit heureux, ſi quelques Dieux propices
» Daignoient le rendre aveugle comme toi.

» Cruelle, acheve, & m'arrache une vie
» Qui m'eſt déjà plus qu'à demi ravie.

» Et

» Et vous, témoin de mes justes transports,
» O JUPITER ! ô, d'un coup de Tonnerre
» Précipitez mon âme aux sombres bords.
« Seul, dans la nuit, égaré sur la terre,
» Avec lenteur traînant ce triste corps,
» Ne suis-je pas d'avance au rang des morts ?
» Frappez, grand Dieu ! j'implore cette grace,
» Et j'ai peut-être un droit pour l'obtenir.
» De quelques Dieux si j'encours la disgrace,
» Ce n'est pas vous qui devez me haïr. »

Sans m'exaucer, sa bonté souveraine
Par des honneurs crut adoucir ma peine.
Le fier Destin, prié par JUPITER,
Revit mes maux dans son Livre de fer,
Et pénétré d'une pitié secrete,
De ses Arrêts il me fit l'interprete.

Dans ce grand Livre, avec peine entr'ouvert,
Confusément, VÉNUS, j'ai découvert
QU'AU SEIN DES EAUX, QUE NARCISSE DOIT CRAINDRE
DE SON HYMEN LE FLAMBEAU VA S'ÉTEINDRE :

QU'A SON AMANT ECHO PRÊTE À S'UNIR,
PAR TROP DE SOIN DEVIENDRA MALHEUREUSE;
QUE, POUR AVOIR LE DROIT DE LA PUNIR,
JUNON SÇAURA LA RENDRE CURIEUSE.
Enfin j'ai lû QU'EN UN MONDE NOUVEAU,
D'AFFREUX CHAGRINS CREUSERONT MON TOMBEAU.

Mais que me ſert de percer ces ténèbres ?
Et qu'ont ſervi mes Oracles célèbres
Dans tous les lieux où j'ai porté mes pas,
Aux champs d'Argos, à Corinthe, à Meſsènes,
Près du Pénée, aux bords de l'Eurotas,
Et dans les murs d'Epidaure ou d'Athènes ?
Il vaudroit mieux ignorer l'avenir
Que de prévoir d'inévitables peines,
Et des malheurs qu'on ne peut prévenir.
Conſidéré, malgré moi, dans la Grèce,
Chargé long-tems & d'ennuis & d'honneurs,
J'ai triſtement attendu la vieilleſſe :
Elle eſt venue, & la Mort, qui me preſſe,
Va terminer mes jours & mes douleurs.

C'eſt loin de Thèbe, & dans ce NOUVEAU MONDE,
Où, ſur vos pas, je viens de pénétrer,
Que doit finir ma courſe vagabonde.
Heureux du moins, quand je vais expirer,
Si, pour combler ma triſteſſe profonde,
Sur ces enfans je n'avois à pleurer.

Ce long récit du malheureux Prophête
Rendit VÉNUS encor plus inquiéte.
» Je comprends bien, dit-elle, qu'à l'inſtant
» De voir enfin couronner ſa tendreſſe,
» NARCISSE doit fuir une onde traîtreſſe :
» Que, lorſqu'il dort, & que ſon cœur content
» Ici peut-être eſt flatté par des ſonges,
» Et ſe repaît d'agréables menſonges,
» Auprès des eaux JUNON veille & l'attend.
» Auprès des eaux, ſans doute, on le menace
» D'un ſort cruel, d'une injuſte diſgrace :
» Mais quelle eſt-elle ? Et pourra-t-il, hélas !
» La prévenir, s'il ne la connoît pas ?
» Dois-je trembler qu'une chûte ſoudaine
» Ne l'engloutiſſe au ſein d'une fontaine ?

» Ou qu'il ne boive un funeste poison
» Versé dans l'eau par l'ordre de JUNON ?
» Dois-je trembler que, pour venger encore
» Ce double Monstre à vos pieds terrassé,
» Au bord des flots un serpent ne dévore
» Ce foible Enfant, tant de fois menacé ?
» Nouvel HYLAS, cher aux filles de l'Onde,
» Et par leurs mains enlevé sans retour,
» Quittera-t-il l'objet de son amour,
» Pour habiter leur demeure profonde ?
» Osera-t-il, indiscret, curieux,
» Sur les appas, sur le bain de DIANE
» Ou de PALLAS, ouvrir un œil profâne ?
» Vous, ACTÉON, mille autres, par les Dieux
» Furent punis, pour avoir eu des yeux.
» Quoiqu'il en soit, redoublez votre zèle.
» A ce ruban, qui vous attache à lui,
» Tissu trop foible, & peu sûr aujourd'hui,
» Substituez ma ceinture immortelle,
» Dont la vertu, dont l'utile secours
» Dans le péril peut défendre ses jours.

» Moi, si JUNON, ne m'a pas prévenue;
» Si, dans mon Isle en secret descendue,
» Elle n'a pas, par un filtre odieux,
» Empoisonné les sources de ces lieux,
» Je préviendrai moi-même la perfide »

Alors VÉNUS, remontant sur son char,
Autour de l'Isle alla, d'un vol rapide,
Dans chaque source épancher le Nectar,
Pure liqueur, dont l'Onde une fois teinte
Des noirs poisons doit repousser l'atteinte,
Secret heureux, mais employé trop tard.

Déployant l'or de ses rênes flottantes,
VÉNUS enfin s'éloigne du Vieillard,
Et fend des Cieux les voûtes éclatantes.
De sa retraite ECHO sort doucement,
Parcourt les bois, rassemble en un moment
Autour de soi ses compagnes chéries,
Et leurs époux épars dans les prairies;
Au milieu d'eux, revient du même pas,
Au tems marqué, trouver TIRÉSIAS;

Trouble à regret le repos de NARCISSE,
Par cent baiſers eſſuye, à ſon réveil,
Sur ſes beaux yeux, les reſtes du ſommeil;
Et, réunis pour le grand ſacrifice,
Tous vont, au pied d'un autel de gazon,
Brûler l'encens en l'honneur de JUNON.

G. de S.t Aubin Inv. Massard Sculp. 1765.

CHANT QUATRIÉME.

LA curieuſe eſt rarement diſcrete ;
Qui tout écoute, aiſément tout répete.
En avançant vers les champêtres lieux,
Où tout le Peuple & le divin Prophête
Vont rendre hommage à la Reine des Dieux,
Trop foible ECHO, tu n'as pu te défendre
De raconter à ton Amant ſurpris
Ce que tù viens & de voir & d'entendre :
Funeſte ſoin ! quel en ſera le prix ?
Ils murmuroient (le malheur rend injuſte)
Ils s'animoient contre leur chef auguſte.
» De notre amour bizarrement jaloux,
» Il veut peut-être, en ſe jouant de nous,
» Nous effrayer, &, par ce ſtratagême,
» Nous dérober des plaiſirs dont lui-même
» Il fut privé par le ſort en courroux.

A ces ſoupçons joignant l'ingratitude,
Les deux Amans reſolurent encor

De ſecouer le joug de leur Mentor,
De rompre enfin cette longue habitude
D'obéiſſance & d'égards ſuperflus,
Dont, pour tout fruit, ils ne recueilloient plus
Que des chagrins & de l'inquiétude.
NARCISSE dit: « ſi l'autel de JUNON
» Offre à nos yeux un ſiniſtre préſage,
» TIRÉSIAS doit à notre union,
» Ma chere ECHO, refuſer ſon ſuffrage.
» Que faire alors? Faudra-t-il obéir?
» A nous quitter pourrons-nous conſentir?
» Ah! dès l'inſtant que des ſignes contraires
» Annonceront des deſtins ſi ſéveres,
» Viens, & faiſons nous-mêmes notre ſort:
» N'attendons pas que d'une main barbare,
» TIRÉSIAS pour jamais nous ſépare,
» Et de tes bras m'arrache avec effort.
» Viens alors, viens: qu'au travers de la foule
» De ſon côté, chacun de nous ſe coule
» Adroitement & trompe tous les yeux.
» Mais pour ne pas errer à l'aventure,

» Fixons un lieu : fuyons, ſi tu le veux
» Près de VÉNUS, & dans ſa grotte obſcure.
» Là nous irons, indulgens à nos feux,
» D'un chaſte amour ſerrer les derniers nœuds. »
HÉ BIEN, NARCISSE, IL FAUT... ECHO, modeſte,
N'acheva pas : ſa rougeur dit le reſte.

Tandis qu'entr'eux ils ſe parloient tout bas
Devant leur chef, dont ils guidoient les pas,
On approchoit du lieu du ſacrifice.
Pendant le peu qui reſte de chemin,
ECHO plus triſte a les yeux ſur NARCISSE,
Le tient, l'embraſſe & pleure ſur ſa main.
» O mon eſpoir! ó moitié de moi-même!
» Unique objet de mes vœux les plus doux!
» Toi que j'adore! hélas! ſi ton cœur m'aime,
» De mon repos ſi ce cœur eſt jaloux,
» Tourne tes pas loin des Fleuves perſides,
» Loin des étangs, des lacs & des ruiſſeaux :
» Pour t'immoler, des Monſtres homicides
» Sont par JUNON cachés au bord des eaux.

Discours fatal ! dangereuse imprudence !
ECHO pensoit l'éloigner de ces lieux
Si redoutés, si funestes pour eux :
Mais jeune encor & sans expérience,
De son Amant, par sa seule défense,
Elle enflammoit les desirs curieux.

Enfin pourtant on arrive, on s'arrête
Au haut d'un Mont dont la superbe tête,
Bravant les Cieux, la foudre & les éclairs,
Domine au loin sur la Terre & les Mers.
C'est sur ce Mont que s'élève un bocage
Dont l'art a fait un temple de feuillage,
Temple, où JUNON, souveraine des airs,
Voit adorer ses grandeurs immortelles.
Un double rang de palmiers toujours verds,
Simples appuis, colonnes naturelles,
Forme à l'entour des portiques ouverts.
On trouve, au centre, un vaste sanctuaire,
De qui l'enceinte, espace circulaire,
N'a d'autre toît que la voûte du Ciel.
Des doux parfums, qui brûlent sur l'autel,

Plus librement les vapeurs répandues,
Jufqu'à JUNON s'exhalent dans les nues.

A cet autel de gazons & de fleurs
Déjà la main des facrificateurs
A préfenté la Géniffe facrée,
Jeune, au front large, à la corne dorée.
Le bras fatal, fur fa tête étendu,
Prêt à frapper, tient le fer fufpendu...
Un bruit s'entend... l'air fiffle... l'autel tremble...
Du fond du bois, du pied des arbriffeaux,
Deux fiers ferpens foudain fortent enfemble,
Rampent de front, vont à replis égaux;
L'un prés de l'autre ils gliffent, & fur l'herbe
Laiffent, loin d'eux, de tortueux fillons,
Les yeux en feux, levent, d'un air fuperbe,
Leurs cols mouvans, gonflés de noirs poifons;
Et vers le Ciel deux menaçantes crétes,
Rouges de fang, fe dreffent fur leurs têtes.
Sans s'arrêter, fans jetter un regard
Sur mille enfans fuyant de toute part,

Le couple affreux, d'une ardeur unanime,
Suit son objet, va droit à la victime,
L'atteint, recule, &, de terre élancé,
Forme cent nœuds, autour d'elle enlacé,
La tient, la serre, avec fureur s'obstine
A l'enchaîner, malgré ses vains efforts,
Dans les liens de deux flexibles corps,
Perce, des traits d'une langue assassine,
Son cou nerveux, les veines de son flanc,
Poursuit, s'attache, à sa forte poitrine,
Mord & déchire & s'enivre de sang.

Mais l'animal, que leur souffle empoisonne,
(Pour s'arracher à ce double ennemi,
Qui, constamment sur son corps affermi,
Comme un rézeau, l'enferme & l'emprisonne)
Combat, s'épuise en mouvements divers,
S'arme contr'eux de sa dent menaçante,
Perce les vents d'une corne impuissante;
Bat de sa queue & ses flancs & les airs.
Il court, bondit, se roule, se releve;

Le feu jaillit de ſes larges nazeaux :
A ſa douleur, à ſes horribles maux
Les deux dragons ne laiſſent point de trève :
Sa voix, perdue en longs mugiſſemens,
Des vaſtes mers fait retentir les ondes,
Les antres creux, & les forêts profondes...
Il tombe enfin : il meurt dans les tourmens.
Il meurt. ... Alors les énormes reptiles
Tranquillement rentrent dans leurs aſyles.

De tout le peuple, encor pâle d'horreur,]
Un autre objet augmente la terreur.
Non loin de-là, guidés par la Nature,
Sur les rameaux, ſous la jeune verdure
D'un chêne altier, qui ſe perd dans les Cieux,
Etoient cachés deux pigeons amoureux.
Seuls ils alloient, au gré de leurs tendreſſes,
Se prodiguer d'innocentes careſſes.
Ah ! vainement l'attente des plaiſirs
Unit leurs becs, fait frémir leur plumage,
Confond leurs voix, leur prête ce ramage
Rauque & flatteur, & coupé de ſoupirs,

Qui, lent ou vif, eſt tour-à-tour l'image
Et des langueurs & des brûlans deſirs . . .
Porté vers eux dans un ſombre nuage,
Un paon ſuperbe en ſort, tel que l'orage
Qui vient troubler le calme d'un beau jour.
Par ſa préſence il ſuſpend, il traverſe
Le cours heureux de leur paiſible amour,
Il les fait fuir, les pourſuit, les diſperſe,
Et ſatisfait de l'effroi qu'il répand,
Au haut de l'arbre il revient triomphant.
Là, battant l'aîle & chantant ſa victoire,
Il développe, enivré de ſa gloire,
Un beau plumage en cercle épanoui.
Sa queue entiere avec pompe étalée,
Forme, en s'ouvrant, une roue étoilée :
Il la contemple, & lui-même ébloui
De ce tiſſu brillant d'or & de ſoye,
S'enorgueillit des tréſors qu'il déploye.

L'outrage fait aux oiſeaux de VÉNUS,
De maux plus grands n'étoit que la figure ;
Maux près d'éclore, hélas ! mais inconnus,
Quoique d'avance on en vît la peinture,

O paon funeste ! oiseau d'affreux augure !
Plus effrayant & plus ami des pleurs
Que le corbeau, messager des malheurs,
Et le hibou, qui, dans la nuit obscure,
Vient annoncer le deuil & les douleurs!
Va, puisses-tu, chez la race future,
Malgré l'émail de tes riches couleurs,
Etre, comme eux, l'horreur de la Nature !

Parmi la troupe éparse à l'aventure,
Déjà NARCISSE a tenté le hazard,
Et pris la fuite ; il s'étoit, avec art,
Débarrassé de la belle ceinture
Qui l'arrêtoit à côté du Vieillard.

Il est dans l'Isle un vallon solitaire,
Fait pour VÉNUS & les Dieux de Cythère,
Étroit, profond, ceint d'arbres différens,
Cèdres, sapins, orangers odorans.
Cette forêt verdoyante & touffue,
Amphitéâtre agréable à la vue,
De toutes parts, enfermant ce séjour,
Borde le pied des côteaux d'alentour,

Et, par degrés s'éleve dans la nue.
Sous des rochers, au bas de ces côteaux,
S'ouvre une grotte à VÉNUS consacrée,
Dont une vigne, épandue en rameaux,
De ses festons a tapissé l'entrée.
Des doux Zéphirs l'haleine temperée
Vient, au travers de son feuillage épais,
Rafraîchir l'air de la grotte sacrée,
Et leurs soupirs en troublent seuls la paix.
Cette retraite, où se plaît CYTHÉRÉE,
D'un rayon foible est à peine éclairée,
Rayon douteux entre l'ombre & le jour,
Qui parle aux sens, qui, sans causer d'allarmes
A la beauté, mais sans voiler ses charmes,
Complice heureux des larcins de l'amour,
Sait la contraindre à lui rendre les armes.

Contre JUNON, cet antre révéré
Offre à NARCISSE un asyle assuré.
NARCISSE y vint : ECHO devoit s'y rendre ;
C'est en ce lieu qu'il promit de l'attendre.

Il

Il le promit : mais, cruelle JUNON,
Tu dis aux vents d'emporter sa promesse,
De son esprit tu te rendis maîtresse :
Devant la grotte, au centre du vallon,
Tu lui fis voir une onde enchanteresse,
Où, dès long-tems, ta main, ta main traîtresse,
Avoit d'en-haut fait pleuvoir un poison,
Dont la vapeur jette une prompte ivresse
Dans tous les sens, & trouble la raison.

Trop tard VÉNUS de son Nectar céleste
Dans chaque source a répandu les flots :
JUNON, plus prompte en son dessein funeste,
Avoit d'avance empoisonné les eaux ;
Et ce qu'a fait uu Dieu qui nous veut nuire,
Un autre Dieu ne sçauroit le détruire.
» Bords pleins d'attraits ! par quelle étrange loi
» L'humide empire est-il fermé pour moi,
» Disoit Narcisse, & quel monstre ai-je à craindre ?
» Ah ! s'il en est qui m'attende en ces lieux,
» Je marche à lui ; dans son sang odieux
» Mes javelots, mes fléches vont se teindre.

» Aſſez long-tems on vit ces traits oiſifs
» Charger mes mains, ou ſe perdre ſans gloire
» Sur les chevreuils & les daims fugitifs,
» Et j'ai ſouvent rougi d'une victoire
» Que me cédoient des animaux craintifs.
» De cette grotte, où viendra ma Maîtreſſe,
» Ses yeux, ouverts ſur mes exploits heureux,
» Admireront ſon Amant valeureux:
» Oui, tant d'audace, avec tant de jeuneſſe,
» Honore, ECHO, ton choix & ta tendreſſe,
» Et tu joindras ſur mon front généreux,
» Quelques lauriers aux myrthes amoureux. «

Il dit & vole. Il trouve une eau paiſible,
Un ruiſſeau pur, dont le brillant criſtal
Suit lentement une pente inſenſible,
Coule ſans bruit, & va, d'un cours égal,
Porter la vie à l'herbe languiſſante,
Nourrir les fleurs, nourrir l'ombre naiſſante
Des ſaules verds qui bordent ſon canal.

En approchant, ſur l'une & l'autre rive
NARCISSE jette une vue attentive:

L'affreux ferpent, tant prédit aujourd'hui,
Peut le furprendre & s'élancer fur lui;
Un arc en main, le carquois fur l'épaule,
Prêt au combat, notre jeune héros
Obferve tout, fe pofte au pied d'un faule,
Baiffe les yeux, regarde dans les flots.

» Dieu! eft-ce-là cette Hydre épouvantable,
» Ce noir dragon, ce monftre déteflé?
» Ah! c'eft, dit-il, c'eft un être adorable!
» Oui, c'eft, fans doute une Divinité
» Qui s'offre à moi, fous cette forme aimable.
» Sur ce vifage, où règne la fraîcheur,
» Quel incarnat s'unit à la blancheur!
» Tel au matin, quand le jour vient d'éclore,
» Aux traits d'argent qu'il lance, à fon réveil,
» Par intervalle, il mêle un feu vermeil,
» Et le rubis légerement colore
» Un ciel blanchi des perles de l'aurore.

L'Amant d'ECHO, frappé de tant d'appas,
Se voit lui-même & ne fe connoit pas.

Dans le portrait que l'Onde lui présente ;
Sans le sçavoir, il admire, en détail,
Ses propres traits, sa beauté séduisante ;
Soit de ses dents l'éblouissant émail,
Qui, divisant deux lévres de corail,
Semble appeller sur sa bouche engageante
Des ris légers la troupe voltigeante,
Soit ses yeux bleus, tendres & couronnés
De noirs sourcils fiérement dessinés.
Peinte dans l'eau, sa chevelure noire
D'un teint de neige augmente encor l'éclat,
Et, descendant sur un cou délicat,
Offre l'ébène à côté de l'ivoire.

NARCISSE, épris de cet objet nouveau,
Rougit, se trouble, & voit dans le ruisseau
Sur le beau front de sa jeune merveille
Paroître un trouble, une rougeur pareille,
Courir un feu subit & passager,
Et tous les lys en roses se changer.
Pour une Nymphe il a pris son image ;
Dans cette erreur aisément tout l'engage,

Et ſon menton qui d'un duvet léger
A peine encor commence à s'ombrager,
Et ſes regards auſſi doux que ſon âme,
Et ſa pudeur, & ces graces de femme
Que l'homme n'a qu'en ſon premier printems;
Oui; tout l'abuſe, & juſqu'aux vêtemens.
Les vêtemens, ſans différence aucune,
Sont une robe aux deux ſexes commune,
Simple en ſa forme, élégante, ſans art,
Autour du corps négligemment jettée,
Qui, ſous le ſein, d'une écharpe arrêtée,
Retombe en plis ondoyans au hazard,
Mais qui ſouvent, quand il faut, à la chaſſe,
Franchir les monts, braver les feux du jour,
Sur un genou rélevée avec grace,
Du brodequin laiſſe voir le contour.

» Toi, dit NARCISSE, hôteſſe de cette Onde,
» Quitte pour moi ta retraite profonde,
» Et ſur ces bords accompagne mes pas.
» Je ſuis mortel, & ta beauté divine
» Indique aſſez ta céleſte origine :

» Qui que tu ſois, ne me dédaigne pas.
» TIRÉSIAS (& nous pouvons l'en croire)
» A de mon ſang vanté ſouvent la gloire.
» Un Fleuve illuſtre, à qui je dois le jour,
» Sous un Ciel pur, coule au ſein de la Grèce,
» Et ma naiſſance eſt le fruit de l'amour
» Dont une Nymphe a payé ſa tendreſſe :
» Puiſſe la mienne & te plaire, ô Déeſſe,
» Et mériter un ſemblable retour.....
» Parle, réponds, & daigne au moins m'apprendre
» A quel deſtin mon amour doit s'attendre,...
» Ah ! je le vois ! ce ſilence obſtiné
» M'annonce trop mon ſort infortuné :
» Je te déplais.... & tout me fait entendre
» Qu'à tes dédains, NARCISSE eſt condamné...
» Mais ſi j'en crois les Nymphes de cette Iſle,
» Celui qui t'aime, & que tu vois, hélas !
» Brûler ici d'une flamme inutile,
» N'eſt point difforme, & vaut bien cet HYLAS,
» Qui, plus heureux que le fils du CÉPHISE,
» Vit de ſes traits une Naïade épriſe.

» On peut m'aimer, & peut-être qu'ailleurs
» On prise mieux l'objet de tes froideurs...
» Tu me hais seule... un plus heureux, sans doute,
» De ton cœur fier a sçu trouver la route.
» Un autre... Ah! Dieux!«... Il s'éloigne à ces mots.
Le noir poison, qui s'exhale des eaux,
Agit sur lui, coule de veine en veine,
Brûle son sang, & pénétre ses os.
De ce poison la force souveraine
Passe à l'esprit, en dévorant le corps,
Et sa vapeur, qu'il supporte avec peine,
Fait qu'il s'arrache à ces malheureux bords;
Mais son amour aussi-tôt l'y ramene.

Jeune insensé! tu suis une ombre vaine,
Ce qui n'est point, ce qui n'a rien de soi,
Qui vient, s'éloigne, & revient avec toi.
Ouvre les yeux... Ses yeux sont sans lumiere,
Un voile épais a couvert sa paupiere;
Il ne voit plus que l'objet imposteur,
Qui, nul par-tout, n'existe qu'en son cœur.

Triste jouet d'un penchant indomptable,
Il est blessé : sa playe est incurable.
Plein de desirs, & d'amour éperdu,
Languissamment sur la rive étendu,
Ce fol Amant d'un œil insatiable
Fixe, à loisir, un fantôme agréable ;
Vers ce fantôme obstinément penché,
A l'observer il demeure attaché.
Quoiqu'aveuglé par une erreur trop chere,
De ce qu'il sent lui-même est étonné,
Il voit qu'il souffre & qu'il est entraîné
Par des desirs d'un nouveau caractere,
Et que l'amour, dont il est dominé,
Est différent d'une flâme ordinaire :
Et cependant il se plaît à nourrir
Sa passion, loin d'en vouloir guérir.
Avec plaisir, son cœur se laisse abattre
Sous un pouvoir qu'il ne sçauroit combattre.
C'est toi, JUNON, toi, qui lui fais chérir
Le mal secret dont tu le fais périr.

NARCISSE enfin ſort de ſa rêverie,
Et s'adreſſant à ſa Nymphe chérie :
» Peux-tu, dit-il, quand je viens à genoux
» Te préſenter l'hommage le plus tendre,
» Hélas ! peux-tu refuſer de m'entendre ?
» Eſt-on barbare avec des traits ſi doux ?
» Mais, ciel ! que vois-je ? Ah! ſeroit-il poſſible
» Qu'enfin ton cœur ceſſât d'être infléxible ?
» Ou n'eſt-ce point un ſonge officieux
» Qui me ſéduit & faſcine mes yeux ?
» Non, Dieux puiſſans ! je lis ſur ſon viſage
» De mon bonheur l'infaillible préſage,
» Et ma VÉNUS daigne avec un ſouris
» Tourner vers moi ſes regards attendris.

Il ne ſçait pas (aveuglement extrême !)
Que ſa VÉNUS n'eſt autre que lui-même,
Qu'il eſt l'amant, qu'il eſt l'objet aimé,
Que de ſes yeux part le trait qui le bleſſe,
Qu'il meurt, en proye à ſa vaine tendreſſe,
Brûlé d'un feu par lui ſeul allumé.

Il ne ſait pas que l'onde lui renvoie,
Par des rayons réfléchis dans les airs,
Tout ce qu'il fait, tous ſes ſignes divers
D'abattement, d'eſpérance, ou de joie;
Que ce criſtal reçoit & rend d'abord
Et ſon regard, & ſon geſte, & ſon port.
Autant de fois que ſa tête ſecoue
Ses longs cheveux où le zéphir ſe joue,
Et qu'envîroit la Déeſſe des bois,
Autant de fois, dans le miroir des ondes,
Il voit auſſi leurs boucles vagabondes
Flotter ſans ordre autour de ſon carquois.
Chaque attitude a des graces nouvelles,
Et la Nayade, à chaque mouvement,
Semble toujours, ſous des formes plus belles
Se reproduire, aux yeux de ſon Amant.

Trop ébloui des charmes qu'il voit naître,
De ſes tranſports bien-tôt il n'eſt plus maître,
Sa main s'avance, il cherche, il veut ſaiſir
Au ſein des flots, l'objet de ſon deſir,

Et déjà même il le touche, il l'embrasse :
Mais l'eau se trouble, & l'image s'efface...
» O Nymphe! arrête... Elle fuit.. Malheureux!
» Je la fais fuir par ma coupable audace!
» J'ai trop osé. Je vois, Amant fougueux,
» Mes feux trahir l'intérêt de mes feux...
» Si cependant ma mémoire est fidelle,
» Cette beauté, maintenant si cruelle,
» Par des regards peu différens des miens
» Sembloit tantôt mieux répondre à mon zèle,
» Et quand mes bras se sont portés vers elle,
» Elle a vers moi paru lever les siens :
» Je les ai vus; d'une ardeur mutuelle
» J'ai vu son front & le mien s'approcher,
» Nos mains s'unir, nos lévres se chercher :
» Elle m'aimoit... Par quel caprice étrange
» Disparoît-elle? & d'où vient qu'elle change?

Il dit & pleure... A la fin, le ruisseau,
En se calmant, ramène de nouveau
De sa beauté l'image fugitive.
» Reviens, dit-il, ô Nymphe trop craintive!

» Reviens, pardonne, & bannis tes frayeurs.
» Quoi! dans tes yeux, où j'ai vu la tendreſſe,
» Il reſte encor une ombre de triſteſſe!
» Quoi! je t'adore, & tu verſes des pleurs! »

Echo ſurpriſe entendit ces paroles;
Elle arrivoit. Elle avoit vu d'abord
Son jeune Amant ſeul, à l'ombre des ſaules,
Et d'Adonis craignant pour lui le ſort,
Elle accouroit vers ce funeſte bord;
Elle accouroit, hélas! pour le défendre!
Mais, à ces mots, qu'elle a trop ſçu comprendre,
Loin d'approcher, elle vole, en courroux,
Cacher ſa honte & ſes tranſports jaloux
Dans l'antre même où l'ingrat dût l'attendre.
Echo, de-là peut le voir & l'entendre,
Lui, ſans la voir, ſuit une autre beauté.
Une autre, ô Ciel, efface de ſon âme
L'aimable objet de ſa premiere flâme;
De cet objet, dont il fut enchanté,
Dans ſa mémoire aucun trait n'eſt reſté;

Sa chere ECHO n'eſt plus dans ſa penſée ;
Il a perdu ſur ce bord déteſté
Tout ſouvenir de ſon ardeur paſſée ;
Pour lui, cette onde eſt celle du Léthé.

ECHO, s'indigne ; une fureur égale
Contre NARCISSE & contre ſa rivale
Subitement s'allume dans ſon cœur :
Mais par degrés cette ardente fureur
Tombe, s'appaiſe, & ne laiſſe après elle
Que la triſteſſe & la douleur cruelle :
Ce cœur plus calme en ſent mieux ſon malheur.
Tranquillement, ſans détourner la vue,
Long-tems elle oſe obſerver avec ſoin
Son infidele ; elle oſe être témoin,
(Spectacle affreux, ſpectacle qui la tue !)
Témoin conſtant des geſtes, des diſcours,
Des trahiſons de cet Amant volage !
Mais, tendre ECHO, plus il te fait d'outrage,
Plus tu promets de l'adorer toujours.

Elle ſuccombe à ſes vives allarmes,
Foible, abattue, elle verſe des larmes,

L'Amour, vainqueur de ses ressentimens,
Lui peint encor NARCISSE, plus aimable;
Et, dans son cœur pardonnant au coupable,
Elle s'écrie : ACCOURS, VIEN, JE T'ATTENDS.
» Volons, dit-il, ma Nayade m'appelle,
» Elle m'attend au fond de ses roseaux....
» O doux espoir!..» En achevant ces mots,
D'un nouveau feu son regard étincelle,
Et sur la rive il dépose à la fois
Ses vêtemens, son arc & son carquois.

Le front couvert d'une rougeur divine,
ECHO le voit, avec un œil confus:
ECHO l'admire. Aux trésors répandus
Sur le satin d'une peau blanche & fine,
On le prendroit pour le fils de VÉNUS.
Ainsi que lui, l'Amour est plein de charmes,
L'Amour est nu, l'Amour porte des armes :
Mais disons vrai; NARCISSE a par-dessus
Un avantage, aux yeux de son Amante,
Car, après tout, cet Amour, que l'on vante,
N'est qu'un enfant, NARCISSE ne l'est plus.

» Quoi ! ma rivale !.. Ah ! grands Dieux !.. Ah ! perfide ;
» Tu veux la ſuivre en ſa grotte liquide !
» Je cours à toi . . Je ne ſouffrirai pas . . .
ECHO troublée, en déſordre, éperdue,
Frappant ſon ſein, meurtriſſant ſes appas,
Vouloit courir . . . Une force inconnue
Soudain l'enchaîne, un Dieu retient ſes pas.
Un Dieu ? . . Que dis-je ? Implacable Déeſſe,
C'eſt toi, JUNON, qui la pourſuis ſans ceſſe.
Pâle, étonnée, elle ſent ſes cheveux,
Avec horreur, ſe dreſſer ſur ſa tête ;
Son ſang glacé dans ſes veines s'arrête.
Vers ſon NARCISSE elle tournoit les yeux :
Tournés vers lui, ſes yeux ſont immobiles.
Déjà ſes mains, ſon col, ſes pieds agiles
Avoient perdu le jeu de leurs reſſorts :
Chaque moment endurciſſoit ſon corps ;
Froide, en un mot, livide, inanimée,
Vous l'euſſiez crue en marbre transformée . . .
Elle l'étoit. Le Deſtin toutefois
Laiſſe exiſter & ſon âme & ſa voix.

Son âme libre, habitante legere
Des antres verds, des vallons & des bois,
A conservé son premier caractere.
Trop curieuse, elle avoit écouté
Ce qui devoit, pour elle, être un mystere,
Trop indiscrete, elle avoit répété
A son Amant ce qu'il falloit lui taire ;
Elle est encor ce qu'elle avoit été,
Comme autrefois, curieuse, indiscrette,
Elle se cache, elle écoute, & répéte.
Tendre surtout, elle aima de tout tems
A répéter les soupirs des Amans.
Sensible ECHO! c'est pour nous que tu veilles,
Mais insensé qui t'apprend ses secrets :
Si les rochers ont toujours des oreilles,
A trop parler ils sont aussi tout prêts.
Non cependant qu'ECHO rende jamais
Nos doux propos & nos plaintes entieres ;
Le sort, vengeur des maux qu'elle avoit faits,
L'a condamnée à rendre désormais
Des derniers mots les syllabes dernieres.

Que

Que faisois-tu, toi qu'elle a tant aimé ?
Pour ta chimère encor plus enflammé,
A la chercher déjà tu te prépares ;
Déjà penché, prêt à quitter le bord,
Les bras ouverts. . . . Arrête. . . . tu t'égares,
Daigne un instant moderer ce transport ;
Revoi l'objet dont ton âme est éprise :
Baisse la vue. . . il regarde . . . ô surprise !
Tout le prestige est enfin dissipé.

» Ah ! malheureux ! qu'ai-je vû ? c'est moi-même.
» Je m'abusois. Oui, c'est moi seul que j'aime !
» Je suis sans voile, & je suis détrompé . . .
» Je le suis trop. Quel triste jour m'éclaire !
» Dieux ennemis qui m'ôtez mon erreur,
» Rendez-la moi, rendez-moi mon bonheur.
» Je veux encor, aveugle volontaire
» M'abandonner à ma douce fureur :
» Je veux encor te parler, te sourire,
» O belle Nymphe. . . Après toi je soupire.
» Mes vœux ardens... Mais qu'ai-je à demander ?
» Je suis à toi ; j'ai ce que je desire.

» Que peut le Ciel au-delà m'accorder ?
» Quel bien plus grand que de te poſſéder ?
» Ce bien pourtant eſt un mal ſans remede.
» NARCISSE eſt pauvre, au milieu des tréſors :
» Il les pourſuit, & malgré ſes efforts,
» N'en jouit point, parce qu'il les poſſéde.
» Pour en jouir, je ſens, avec effroi,
» Qu'il me faudroit me ſéparer de moi.
» Mourons... Pourquoi ne peux-tu me ſurvivre?
» Au noir ciſeau faut-il que je te livre ?..
» Mais de nos jours, s'il tranche le fil d'or,
» Tu vas me ſuivre à la rive infernale,
» Et moi, penché ſur la barque fatale,
» Dans l'eau du Styx je vais te voir encor...
» Ah ! c'en eſt fait : je ſens que je ſuccombe...
» Je m'affoiblis... Je chancelle... Je tombe. »

Il perd alors l'uſage de ſes ſens :
L'herbe reçoit ſes membres languiſſans.
Mais au moment qu'il revient à lui-même,
Ses premiers ſoins ſont pour l'ombre qu'il aime.

Il ſe regarde & méconnoît ſon teint.
Son œil ſe voit, & ſe voit preſque éteint.
A ſes regards ſon front ſe décolore ;
Il dépérit, conſumé de douleur :
De ſa beauté, dès ſa premiere aurore,
Un vent brûlant a deſſéché la fleur.

Il en gémit. A cet aſpect funeſte,
Il leve au ciel & les yeux & les bras,
Et ramaſſant la force qui lui reſte,
HÉLAS! dit-il, ECHO redit, HÉLAS!
Ce long ſoupir, de colline en colline,
Eſt envoyé dans la plaine voiſine,
Et retentit juſqu'à TIRÉSIAS.
TIRÉSIAS, & tout le peuple en larmes
Alloient cherchant les Amans fugitifs :
Mais à ce bruit, ils redoublent d'allarmes,
Et, dirigés par ces accens plaintifs,
Vers le vallon hâtent leurs pas tardifs.

En peu d'inſtans, le Vieillard même arrive.
NARCISSE au loin, nud, couché ſur la rive,

Frappe d'abord les regards étonnés.
On voit sa tête hors du bord avancée,
Sur le courant tristement abaissée,
Et ses cheveux aux vents abandonnés.

Nise & Cloris y courent avec zèle;
Dircé les suit: Doris, plus vive qu'elle,
L'honneur des bois, la chasseuse Doris,
Passe de loin Dircé, Nise & Cloris.
Laure, aux yeux noirs, & la blonde Glicere,
Et Célimene à la taille légere,
Volent ensemble. O belle Théano!
O tendre amie, & compagne d'Echo!
En l'appellant, tu cours à son Narcisse.
Echo voudroit, sensible à cet office,
Nommer ton nom: la Nymphe, au lieu du tien,
En t'écoutant, ne redit que le sien.
Laissant enfin les autres en arrière,
Près du ruisseau tu parviens la premiere.
Tu vois Narcisse...,. ou plutôt... Justes Dieux!
Narcisse étoit invisible à tes yeux.

» O mes amis ! mes compagnes fidelles !
» Venez, cherchons : cet enfant merveilleux
» A disparu, sans sortir de ces lieux «
Chacun s'empresse, à ces triste nouvelles,
Même aux plus lents l'ardeur donne des aîles ;
On vient, on cherche au milieu des roseaux,
Et sur la rive, & jusqu'au fond des eaux ;
De ce beau corps on ne voit nul vestige.
Mais, tout-à-coup, par un autre prodige,
Du sein de l'herbe, il sort avec éclat,
Un bouton d'or, sur une longue tige,
Bordé de fleurs d'un tissu délicat,
Feuilles d'argent, qu'un léger souffle abat :
Plante agréable, & de frêle existence,
Enfant de FLORE, à peu de jours borné,
Doux, languissant, symbole infortuné
De la froideur & de l'indifférence.

De toutes parts, le NARCISSE nouveau
Croissoit déjà sur le bord du ruisseau.

En gémiſſant, les Belles le cueillirent,
A leur côté le placerent, & dirent :
» Que notre ſein lui ſerve de tombeau ! »

Mais, ô douleur ! elles flairoient à peine
La fleur récente ; à peine, avec ardeur,
Leurs vifs époux que cet exemple entraîne,
Jaloux auſſi d'en connoître l'odeur,
La reſpiroient d'une indiſcrete haleine :
Tous de JUNON victimes, à leur tour,
Dans la vapeur de ce jeune calice,
Puiſerent l'âme & l'eſprit de NARCISSE,
Et l'amour-propre & l'oubli de l'amour.
Tous, du poiſon ſentant déjà l'ivreſſe,
Cherchent ſa ſource, & dans l'eau dont il ſort
Vont à l'envi ſe contempler ſans ceſſe ;
Le plus grand nombre y rencontre la mort,
Le reſte (ainſi le vouloit la Déeſſe)
Survit, hélas ! pour un plus triſte ſort ;
Vivre inſenſible eſt une mort cruelle,
Que chaque jour, chaque inſtant renouvelle.

N'avoir du moins de fenfibilité
Que pour foi-même, & dédaigner les autres,
N'aimer enfin la grace, la beauté,
Les agrémens qu'autant qu'ils font les nôtres,
C'eft être mort pour la fociété.

Tel fut ce Peuple. Il changea de nature,
Et prit une âme indifférente & dure.
O Nation trop digne de pitié !
Qu'eft devenu ce fentiment intime,
Par qui tout vit, qui fait l'homme, & l'anime ?
Qui, fous les noms d'amour & d'amitié
Tenant chacun l'un à l'autre lié,
De l'Univers eft le moteur fublime ?
Ce fentiment, qui, par de prompts refforts,
Pour nos pareils excite nos tranfports,
Et hors de nous fçait emporter nos âmes ?
Déjà ce feu n'élance plus fes flâmes :
Trop concentré, loin de tendre au-dehors,
En fens contraire il tourne fes efforts.
Tout votre amour fe tourne vers vous-même....

Eh bien ! allez, contentez vos ſouhaits,
Connoiſſez-vous, admirez vos attraits.

Ils ſe livroient à ce plaiſir ſuprême,
Et commençoient d'en jouir à longs traits,
Quand de JUNON l'agile meſſagere
Gliſſe dans l'air, ſur une aile légere.
De ſes couleurs le mêlange éclatant
Brille à ſa ſuite ; il peint, dans un inſtant,
L'immenſité des céleſtes campagnes,
Deſcend en arc au-deſſus des montagnes,
Touche les pins, les chênes, & paroît,
En l'éclairant, embrâſer la forêt.
Le Ciel s'ébranle... Une voix trop connue,
La voix d'ECHO, dans ce vallon ſecret
Se fait entendre, & répéte à regret
Ces mots tonnans, qui ſortent de la nue :
JUNON L'EMPORTE ET VÉNUS EST VAINCUE.

L'Amour, dès-lors, pour jamais diſparut :
TIRÉSIAS de douleur en mourut ;
Et ſes enfans, dont ſa douce ſageſſe
Avec bonté dirigea la jeuneſſe,

Ces cœurs ingrats, loin de donner des pleurs
A ce Vieillard, qui, par trop de tendresse,
Finit ses jours, en pleurant leurs malheurs,
L'abandonnant, à son heure derniere,
Le laissent seul achever sa carriere,
Ne songent plus, le jour de son trépas,
Qu'à se parer de guirlandes nouvelles,
Qu'à relever, avec soin, leurs appas
Des ornemens, des secours délicats
Que prête l'art aux graces naturelles.

Ce même esprit, cet insipide goût,
Par qui chacun, devenu son idole,
Et se compare & se préfere à tout,
Règna depuis dans cette Isle frivole :
Et c'est de-là (si l'on croit nos ayeux)
Que nos François virent fondre chez eux
Ce tourbillon de ridicules êtres
Qu'on a nommés Coquettes, Petits-maîtres :
NARCISSES vains, pour eux seuls prévenus,
Paons orgueilleux, qui se rendent hommage.

Insolemment étalent leur plumage,
Et font la guerre aux oiseaux de VÉNUS.

Qui que tu sois, Amant de ton image,
Toi, qui, pour elle, animé d'un beau feu,
La suis de l'œil, & la vois en tout lieu :
Caresse en paix cette image chérie,
Passe à ses pieds ta glorieuse vie ;
Dans les miroirs, dans le plus fin cristal
Cherche les traits qui ravissent ton âme,
Et ne crains pas qu'on traverse ta flâme :
Ce n'est pas moi qui serai ton rival.

LE SOLEIL FIXE
AU MILIEU DES PLANÈTES.

ODE.

L'Homme a dit : les Cieux m'environnent,
Les Cieux ne roulent que pour moi ;
De ces Aſtres qui me couronnent,
La Nature me fit le Roi :
Pour moi ſeul le Soleil ſe leve,
Pour moi ſeul le Soleil acheve
Son cercle éclattant dans les airs ;
Et je vois, Souverain tranquile,
Sur ſon poids la terre immobile
Au centre de cet Univers. *

* *Syſtême de Ptolomée.*

Fier Mortel, bannis ces fantômes,
Sur toi-même jette un coup d'œil.
Qui sommes-nous, foibles Atômes,
Pour porter si loin notre orgueil ?
Insensés ! nous parlons en maîtres,
Nous, qui dans l'Océan des êtres
Nageons tristement confondus ;
Nous, dont l'existence légere,
Pareille à l'ombre passagere,
Commence, paroît, & n'est plus !

Mais quelles routes immortelles
URANIE entr'ouvre à mes yeux !
Déesse, est-ce-toi qui m'appelles
Aux voûtes brillantes des Cieux ?
Je te suis... Mon âme aggrandie,
S'élançant d'une aîle hardie,
De la terre a quitté les bords :
De ton flambeau la clarté pure
Me guide au Temple où la Nature
Cache ses augustes trésors.

Grand Dieu ! quel ſublime ſpectacle
Confond mes ſens, glace ma voix !
Où ſuis-je ? Quel nouveau miracle
De l'Olympe a changé les loix ?
Au loin, dans l'étendue immenſe,
Je contemple ſeul en ſilence
La marche du grand Univers ;
Et dans l'enceinte qu'il embraſſe,
Mon œil ſurpris voit ſur ſa trace
Retourner les orbes divers. *

Portés du Couchant à l'Aurore
Par un mouvement éternel,
Sur leur axe ils tournent encore
Dans les vaſtes plaines du Ciel.
Quelle intelligence ſecrette
Règle en ſon cours chaque Planète
Par d'imperceptibles reſſorts ?
Le SOLEIL eſt-il le génie
Qui fait avec tant d'harmonie
Circuler les céleſtes corps ?

* *Syſtême de Copernic.*

Au milieu d'un vaste fluide,
Que la main du Dieu Créateur,
Versa dans l'abîme du vuide,
Cet Astre unique est leur moteur.
Sur lui-même agité sans cesse,
Il emporte, il balance, il presse
L'Éther & les Orbes errans;
Sans cesse une force contraire,
De cette ondoyante matière
Vers lui repousse les torrens.

Ainsi se forment les Orbites
Qui tracent ces globes connus:
Ainsi, dans des bornes prescrites,
Volent & MERCURE & VÉNUS.
La TERRE suit; MARS moins rapide,
D'un air sombre, s'avance & guide
Les pas tardifs de JUPITER:
Et son pere, le vieux SATURNE,
Roule à peine son char nocturne
Sur les bords glacés de l'Éther.

Oui, notre Sphère, épaisse masse,
Demande au SOLEIL ses présens.
A travers sa dure surface
Il darde ses feux bienfaisans.
Le jour voit en heures légères
Présenter les deux Hémisphères,
Tour à tour à ses doux rayons ;
Et sur les signes inclinée,
La Terre promenant l'année,
Produit des fleurs & des moissons.

Je te salue, âme du Monde,
Sacré SOLEIL, Astre de feu,
De tous les biens source féconde,
SOLEIL, image de mon DIEU!
Aux Globes qui, dans leur carrière,
Rendent hommage à ta lumière,
Annonce DIEU par ta splendeur :
Règne à jamais sur ses ouvrages,
Triomphe, entretiens tous les âges
De son éternelle Grandeur.

FIN.

APPROBATION.

J'Ai lû par Ordre de Monseigneur le Vice-Chancelier, un Manuscrit intitulé : NARCISSE DANS L'ISLE DE VÉNUS. Il y a dans cet Ouvrage de la Poësie & de la facilité : c'est une fiction agréable où la Fable est ingénieusement mise en œuvre ; & je crois que le Public en verra l'impression avec plaisir. A Paris, ce 31 Décembre 1766.

ALBARET.

Extrait des Livres Nouveaux qui se trouvent chez le même Libraire imprimés en 1769.

LES NUITS D'YOUNG, traduites de l'Anglois par M. le Tourneur, 2 vol. *in*-8°.

Les mêmes 2 vol. *in*-12.

LA JOLIE FEMME OU LA FEMME DU JOUR, 2 Parties *in*-12.

NOUVELLE BIBLIOTHÉQUE DE CAMPAGNE OU CHOIX D'ÉPISODES intéressans.

LE GOUT DE BIEN DES GENS OU RECUEIL DE CONTES NOUVEAUX, 3 vol. *in*-12. On vend séparément les Tom. 2 & 3.

LETTRE DE DON CARLOS A ÉLISABETH, nouvelle Édition *in*-8°. Fig.

RECUEIL DE PIÉCES INTÉRESSANTES, concernant l'Histoire de France & autres Morceaux de Littérature tirés des papiers de M. l'Abbé de Longuerue, 1 vol. *in*-12.

ESSAI HISTORIQUE ET LÉGAL SUR LA CHASSE, 1 vol. petit *in*-12.

De l'Imprimerie de la Veuve BALLARD, Imprimeur du Roi rue des Noyers, 1769.

www.ingramcontent.com/pod-product-compliance
Lightning Source LLC
LaVergne TN
LVHW020025170826
845678LV00001B/123

* 9 7 8 2 3 2 9 7 6 9 5 8 5 *